이 사람을 보라

간행사

여기 사람이 있습니다. 이 사람은 평생을 게으르지 않고 열심히 살았습니다. 게으르지 않고 열심히 사는 삶은 위대한 깨달음의 세계에 이른 붓다께서 남긴 마지막 말씀과 똑같습니다. 수행자가 아닌 누구라도 마찬가지입니다. 이렇게 사는 게 인간 삶의 바른 길입니다.

  이 사람은 온갖 어려움과 힘든 세월을 견디고 돌파하면서 자기 분야의 최고가 되었습니다. 스스로는 물론 이웃을 위해 열심히 살았고 먼 후대의 사람들을 위해서도 보람된 삶을 살았으니, 성자와 현인과 대보살을 어찌 다른 곳에서 찾겠습니까.

  이 사람이 혼신의 힘을 다해 살아가는 동안 우리는 조금씩 발전했지만 이 사람이 가고 난 뒤에 우리는 훨씬 더 먼 길을 걸어갈 수 있게 되었습니다. 모두가 이 사람 덕분입니다. 그 고귀한 삶을 기록하고 정리해 나가는 일은 우리 후학들의 자랑이요 의무이기도 합니다.

　　　　이 사람은 한 사람이 아닙니다. 한 사람 한 사람이 모여 우리가 되었으니 우리 모두가 이 사람입니다. 이 사람의 정신과 이 사람의 행동과 이 사람의 피와 눈물이 우리들 모두가 되었습니다. 그래서 이 사람은 역사 속에서 기억되는 존재가 아니라 지금 이 순간 우리와 함께 살아가는 영원의 길벗입니다. 우리는 이 사람을 통해서 순간이 영원이 되는 삶을 살아갑니다.

　　　　기릴 만한 선배가 있는 사회는 아름답고 건강합니다. 칭찬하고 격려하고 본받고 기리는 일이 어찌 지혜롭고 건강한 사회의 본분사가 아니겠습니까. 열 가지의 나쁜 일은 가려서 하지 않고 열 가지의 좋은 일만 골라서 한다면 역사상의 어떤 태평성대보다 좋은 세상이 될 것입니다.

　　　　이 책은 좋은 마음과 착한 행동을 위한 우리 사회의 길잡이가 되고자 합니다. 한 사람 한 사람의 걸어간 발자국이 우리를 감화시켜서 보다 나은 세상으로 나아가는 데 도움이 될 수 있기를 바랍니다.

2023년 2월
동국대학교 총장 윤성이
동국대학교 총동창회장 박대신 합장

"아하! 이게 연극이구나!!
내가 변모한 모습,
이 사람의 생활을
표현하는 것이구나!"

"어두침침한 무대에는
우리 현실보다 더 허우적거리는
진실한 인생이 살고 있었다."

"연극으로 하여금
연극의 길을 걷게 하여라.
순수해야 할 연극의 세계를
탁류로써 흐릴 필요가
어디 있는가."

"우리는 배우가 없는 연극을
상상할 수 없듯이
관객이 없는 연극을
상상할 수가 없습니다."

이 사람을 보라

대가로의
긴 여로,
이해랑

허재홍 지음

동국대학교 출판문화원

목차

프롤로그　　　　　　　　　　　　　　　　18

1장 유복과 행복은 다른 말
왕족의 후예　　　　　　　　　　　　　　22
고독한 유년　　　　　　　　　　　　　　26
삼청동 할머니　　　　　　　　　　　　　30
두 번의 누명　　　　　　　　　　　　　　35
다섯 벌의 교복　　　　　　　　　　　　　40
첫 대학과도 이별을　　　　　　　　　　　44
운명은 우연처럼 온다　　　　　　　　　　48

2장 무대로 향하는 굽어진 길
다시 유치장으로　　　　　　　　　　　　56
스스로 이름을 짓다　　　　　　　　　　　63
아, 이게 연극이구나　　　　　　　　　　68
연극만은 하지마라　　　　　　　　　　　73
제 손으로 둥지를 헐고　　　　　　　　　77
죽어도 연극을 해야겠다　　　　　　　　81
사랑이냐, 연극이냐　　　　　　　　　　88

3장 연극이 연극의 길을 가게 하여라

휴가 중 찾아온 광복	102
진실한 연극이란게 대체 뭐요?	108
신파를 거부한다	113
극예술협회의 출범	120
이념 앞엔 친구도 없더라	125

4장 혼란한 시대의 선봉에 서서

국립극장에서의 편안한 한때	134
1950년 6월의 어느 날	143
연극하는 군대	147
문예중대의 대활약	153
피난지에서 만난 셰익스피어	157
부친의 행복한 패배	164

5장 대가로의 긴 여로

뉴욕에서의 꿈같은 3개월	170
영화의 유행과 연극의 위기	176
신협이 사라지다	180
두 번의 외도	183
월급 없는 극장장으로 예술원상을 받다	186
새로운 연극의 거센 물결	192
이동극단 선언과 지원사격	195
민중 속으로, 관객 곁으로	201

6장 함께하는 연극을 꿈꾸며

예총 회장의 분투	210
국회는 정신없는 동네	217
고향으로 돌아오다	222
연극은 관객과 함께 숨 쉰다	224
사건 사고로 가득한 무대	231
마지막은 햄릿과 함께	238
이해랑 예술극장	247

부록

이해랑 약력 252
이해랑 연출 공연 목록 255
이해랑 출연 공연 목록 258
주(註) 261
참고문헌 264

프롤로그
인생은
연극이다

셰익스피어는 "세상은 무대고 인생은 연극이다."라고 했다. 아우구스투스는 임종을 앞두고 "내가 인생이라는 연극에서 내 배역을 잘 연기했더냐? 그랬다면 박수를 쳐다오."라고 했다. 이해랑은 첫 무대 연습을 앞두고 "연극이란 내가 아닌 다른 이 사람의 생활을 하는 것"이라는 사실을 깨닫는다. 진실로 인생의 원리는 연극의 원리와도 유사하다. 상대와 장소와 시간에 따라 우리는 손님이 되었다가 학생이 되었다가 연인이 되었다가 한다. 누구도 말리지 않지만 면접이나 소개팅 자리에 예비군복을 입고 나가지는 않는다. 마치 정해져 있다는 듯 우리는 알맞은 의상을 입는다. 그리고 평소엔 쓰지 않는 표정과 말투를 쓰며 연기한다. 인생은 연극이다.

이해랑의 인생 역시 한 편의 연극이었다. 그는 왕가의 종손으로 태어났지만 그때까지 천시받았던 연극배우라는 배역을 골랐다. 일제강점기부터 경제 발전기에 이르는 격동의 시대를 살며 그는 배우로, 연출가로 무대를 떠나지 않았다. 그러는 사이 한국 연극사의 주연배우가 되었다. 여기에 대학교수와 국회의원이란 역할까지 맡았다. 정말 변화무쌍한 드라마다.

이 글은 이해랑의 인생이라는 드라마에 대한 관극기다. 표지 사진은 이해랑 선생의 20대 시절 모습이다. 이해랑 선생의 장남 이방주 회장은 유민영 선생님이 쓰신 『한국연극의 거인-이해랑』의 표지 사진이 가장 좋다 하셨지만 죄송스럽게도 다른 사진을 골랐다. 이 글은 한국 극예술 연구의 지미 헨드릭스나 다름없는 유민영 선생님의 책에 비해 소박하다. 그래서 표지마저 비슷하면 안 되겠다는 마음도 분명 있었다. 하지만 가장 중요한 이유는 아니었다. 그보다는, 이해랑의 인생을 관극하면서 가장 감명 깊었던 부분이 바로 그의 젊은 날이라서다.

드라마는 결핍으로부터 시작한다. 그의 젊은 날은 정말 많이 아팠다. 어머니와 사별하고, 퇴학과 전학을 거듭하고, 누명을 써서 고문을 당하기도 했다. 그리고 정말 좋아하는 일을 찾았을 때 우리집에서 광대가 나왔다는 명문가 어른들의 따가운 시선을 견뎌야 했다. 하지만 그는 자기 선로에서 이탈하지 않고 묵묵히 일가를 이뤘다. 그는 입체적 인물이자 자신의 의지로 숨 쉬는 인물, 진정한 드라마의 주인공이다. 휘청거리되 부러지지 않던 그의 젊은 날이 좋았다. 그렇게 표지를 골랐다.

지나칠 수 없는 이름들이 있다. 문학을 공부하는 데 셰익스피어 한 번쯤은 거치기 마련이며, 베이스를 연주하면서 자코 파트리우스를 외면할 수 없고, 미술을 하면서 벨라스케즈를 모를 수 없다. 한국 연극을 공부하면서는 이해랑이 그런 이름이 아닐까 한다. 이 책은 그런 이해랑에 대해 소개하는 글이다. 기존의 평전은 이해랑의 삶을 마치 사료처럼 철저하게 기록해두고 있기에 이 글이 똑같은 일을 수행할 필요는 없으리라 생각했다. 하여 이 책은 다소 부족하나마 이해랑 선생의 인생이 맡은 배역들을 시간별로 쫓아가며 하이라이트를 기록한 것에 가깝다. 이 글이 비록 기록의 측면에서는 부족하겠지만 그의 인생을 개관하는 데는 부족함이 없었으면 하는 바람이다.

1장

유복과
행복은
다른 말

왕족의 후예

예술에서만큼은 불행이 생산성의 토대일지도 모른다. 후세에 알려진 예술가 중에는 고독이나 가난 등 혹독한 고통에 시달린 사람들이 많다. 자신의 귀를 자른 빈센트 반 고흐나 시베리아까지 끌려갔던 도스도예프스키 등 불행과 벗삼은 대가들은 매우 흔하다. 이는 사실 비상식적이다. 중요한 경기를 앞둔 운동선수들이 그러하듯 최고의 상태일 때 훌륭한 결과가 따르는 게 당연하다. 그런데 유독 예술계에선 그런 상식이 번번이 빗나가곤 한다.

반면 이해랑은 탁월한 예술가임에도 그는 불행한 생산성의 법칙에서 벗어난 듯 보인다. 서양에는 "은수저를 물고 태어난다"는 속담이 있다. 부유한 가정에서 태어났다는 뜻이다. 안타깝게도 우리나라에서는 금수저, 흙수저 등으로 변용되어 집안 사정을 한탄하거나 남들을 부러워할 때 쓰이고 있는데, 여기서 굳이 나누자면 이해랑은 금수저랄까.

이해랑은 출신부터 남다르다. 그는 능원대군의 11대손으로 철종의 먼 친척뻘이다. 그가 태어난 1916년이면 조선 왕조는 이미 사라진 뒤다. 그럼에도 계급에 대한 사회의 인식은 여전했고 왕족의 후예들은 변함없이 귀한 사람들이었다. 그의 생가는 경성부 와룡동이었는데, 현재 창덕궁과 창경궁, 국립어린이 과학관, 서울시 선거관리위원회가 있는 곳이다. 당시엔 종로구와 중구를 포함한 정도가 경성이었으니 그야말로 서울의 복판에서 태어난 셈이다.

그가 세상에 나올 즈음 식민지 조선의 현실은 삼엄했다. 1916년은 일제가 시행한 조선토지조사 사업이 6년째 되던 해로 전국에 걸쳐 극심한 수탈이 일어나던 때였다. 하지만 해랑의 집은 그런 어려움으로부터도 상대적으로 자유롭고 아늑했다. 왕족의 후예로 물려받은 재산도 있었거니와 할아버지가 왕가의 의전관이었기 때문

에 식민지 치하에서도 매달 월급이 나왔다.

　　이런 명문가의 족보에는 엘리트들이 즐비했다. 그의 증조할아버지인 이종응李宗應은 조선 후기의 문신이자 시조 시인으로 이름 높은 이세보李世輔의 사촌이니 철종과는 형제뻘이었다. 이해랑의 집안 어른들은 핏줄만큼이나 그 경력이 만만치 않다. 할아버지인 이재영李載榮은 과거에 급제하여 진사 벼슬을 했고 고종황제 때는 황실의 예식을 담당하는 의전실장이었다. 그의 두 아들은 모두 의학을 공부하였는데, 이 중에서 해랑의 숙부인 이성용은 독일 베를린 대학에서 의학박사 학위를 받았다. 첫째인 그의 부친 이근용李瑾鎔은 경성의학 전문학교와 교도京都제국대학 의학부를 졸업한 수재로 경성 세브란스 의학전문학교 부속병원에서 외과의사로 일하다 부산으로 내려가 병원을 개업, 부산 최고의 의사로 이름을 날렸다.

　　이근용은 경성의학 전문학교를 졸업한 뒤 교도제국대학 의학부에 입학하기 전까지 모교인 휘문중에서 생물교사로 일한 바 있다. 이때 명문가 규수 홍씨와 결혼하여 1916년 아들을 낳아 '이해랑'이라는 이름을 주었다. 이 아기가 훗날 이해랑으로 알려진 이 책의 주인공이다. 그의 집안은 유독 손이 귀했던 집안이다. 이해랑은 유복한 집안의 유일한 종손으로 집안 어른들의 귀여움을 독차지했다.

그 누구도 태어날 집안을 고를 수 없는 만큼 이해랑은 최고의 행운을 쥐고 태어난 셈이다. 그렇기에 그는 예술가들이 흔히 겪는 불행한 생산성과는 관련이 없어 보인다. 하지만 태어난 조건과 살면서 얻게 될 행복이 늘 비례하진 않는가 보다. 왕족의 후예 '이해량'이 성인이 되어 연극을 만나 '이해랑'이란 이름을 얻게 되기 전까지 그는 유독 가슴 아픈 이별과 억울한 사고들을 자주 겪게 되었다. 그중 어린 그를 가장 아프게 한 일은 역시 어머니를 잃은 일이다. 딱하게도 한 번도 아니었다. 그가 2차 성징을 겪기도 전에 친모와 유모가 차례대로 그의 곁을 떠났다.

고독한 유년

이해량, 즉 이해랑의 부친 이근용은 아들이 태어날 당시 무척 행복한 하루하루를 보내고 있었다. 휘문중학교 생물 교사로서 학생들 사이에서 인기도 높았고, 명문 학교를 졸업한 그에 대한 집안의 기대도 컸다. 거기에 귀한 가문의 종손까지 생겼으니 더할 나위 없었다. 하지만 그 행복한 생활은 길지 못했다.

아무도 모르게 그의 아내 홍씨의 건강은 날로 나빠지고 있었다. 명문가 대가족의 맏며느리로서 집안의 여러 일을 도맡느라 산후조리를 소홀히 한 탓이다. 홍씨는 출산 후 계속해서 잦은 병치레를 겪더니 결국 이해랑을 낳은 3년째인 1919년 세상을 떠나고 말았다. 어머니와 너무 일찍 헤어진 탓인지 이해랑은 후일 모친의 기억은 거의 없다고 말한다. 다만 막연하고 아련한 그리운 감정뿐이라고.

어머니의 부재는 곧 아버지의 유학으로 이어졌다. 사실 해량의 어머니뿐 아니라 할머니인 평산 신씨 역시 병으로 일찍 별세한 터였다. 이근용, 이성용 형제가 모두 의학을 전공한 것 역시 몸이 약했던 모친을 생각한 마음에서였다. 병으로 아내까지 잃게 된 이근용은 새 출발이 필요하다고 생각했다. 마침 이해랑의 할아버지도 뜻이 같았다. 이근용은 부친의 권유에 따라 의학을 더욱 깊게 연구해보기로 다짐했다. 바로 휘문중학교 교편을 놓고 대한해협을 건넜다. 그리고 교도제국대학 의학부에 합격하였다.

아버지의 승승장구는 어린 이해랑에게 기쁜 일일 수 없었다. 겨우 네 살에 어머니를 잃었는데 아버지마저 멀리 일본으로 떠나 떨어져 지내게 되었으니 말이다. 할머니가 어린 손주를 무척 아껴주었으나 오래가지 못했다. 이듬해 할머니마저 그를 두고 별세한 것이다. 무엇이든 보듬어 주었을 어머니와 할머니가 떠난 마당에 아버지와 삼촌이 유학 중이니 집안에는 엄격한 사대부 할아버지와 너무 어린 이해랑 둘뿐이었다.

할아버지는 얼마 지나지 않아 새장가를 들었다. 새할머니는 다정한 성격으로 어린 해량을 정성껏 돌봐주었다. 하지만 곧 새할머니도 임신을 했고 해랑에게만 정성을 모두 쏟을 수는 없는 처지가 되었다. 어린 이해랑은 자신이 왕족인 것도, 집안이 유복했던 것도 전부 소용없었다. 어머니와 할머니의 부재는 가난보다도 더 비참한 일이었다.

삼청동 할머니

다행스럽게도 어머니의 자리가 영원히 비어 있지는 않았다. 유모가 들어와 어린 해랑을 어머니처럼 돌봐주게 된 것이다. 이해랑이 '삼청동 할머니'라고 기억하는 유모는 함경도 출신의 과부였다. 집안 어른들은 사대부답게 항상 근엄하고 과묵했으나 함경도 출신의 이 여인은 달랐다. 키는 작아도 매우 다부진 체격에 항상 담뱃대를 물고 다니던 그녀는 낙천적이었고 넉살도 좋았다. 무엇보다도 늘 유머러스한 사람이었다.

이해랑은 삼청동 할머니의 낙천성에서 많은 영향을 받았다. 훗날 이해랑은 많은 질곡을 겪지만 매번 상황을 긍정적으로 받아들였고 매사에 유머가 넉넉한 사람이었다. 그 유머 덕분인지 그는 훗날 자식들에게도 당대의 정형이랄 수 있는 엄부가 아닌 살갑고 재미있는 아버지였다. 이해랑의 장남인 이방주 이사장은 "집안에는 웃긴 사람이 없다. 유일하게 우리 아버지께서 장난을 치고 형제들을 자주 웃게 해 주셨다. 삼청동 할머니 밑에서 자라서 그런 것 같다고 말씀하셨다"고 회고한다. 이해랑의 장녀 이명숙 역시 "아버지의 말씀은 세상 돌아가는 이야기와 더불어 솔직하고 유머와 위트로 가득 차 있어 항상 재미가 있었다."고 기억하고 있다.

유모 덕에 어린 이해랑은 고독의 그늘에서 벗어날 수 있었다. 삼청동 할머니는 순한 해랑을 무척 이뻐했다. 해랑이 조금이라도 잘한 일이 있으면 칭찬을 아끼지 않았다. 집에 늦게 들어오거나 잘못을 저지르면 꾸지람도 충분히 하는 등 친자식처럼 그를 돌봤다.

이해랑은 어린 시절 자신이 늘 주눅 들어 있었다고 기억한다. 물론 항상 깨끗한 옷을 입을 수 있었고 굶을 걱정도 결코 없었다. 하지만 그 얼굴 어딘가엔 그늘이 있었다. 사대부 집안 특유의 엄격한 분위기도 어린 그를 억눌렀다. 그리고[1] 부모가 곁에 없다는 사실이 힘들었다. 외국에 있는 아버지와 지금처럼 연락을 자주 할 수 있는 시대도 아니었다. 아버지는 유학을 끝낸 뒤에도 부산에 내려가 병원을 운영했고, 가난한 환자에게는 병원비를 받지 않을 정도로 인술을 펼쳐 명망이 높았다. 하지만 그게 해량의 외로움을 보상해주진 않았다. 무엇보다도 친어머니의 사랑을 받으며 지내는 친구들과 자신이 항상 비교되었다.

하지만 삼청동 할머니가 있는 동안 그는 마음 기댈 곳을 찾을 수 있었다. 작은 일에도 칭찬을 아끼지 않고 새 옷을 갈아입혀 주며, 밥을 먹여주고 때론 혼도 내는 할머니로부터 해량은 심적 위안을 온전히 받을 수 있었다. 항상 과묵했던 집안에서 삼청동 할머니는 어린 이해량이 두런두런 대화를 나눌 수 있는 유일한 상대이기도 했다.

안타깝지만 그 위안도 오래가지 못했다. 삼청동 할머니가 고향인 함경도로 돌아간다는 소식은 아직 13살의 어린 이해랑에게는 마른하늘에 날벼락이었다. 사연인 즉 함경도에서 지내던 삼청동 할머니의 딸이 어머니를 모시기로 결심한 것이다. 유모의 딸은 그동안 홀로 서울에 떨어져 남의 집에 살고있는 어머니가 내내 마음에 걸렸다. 그리고 경제적으로 안정이 되자마자 모친에게 귀향을 권했다. 삼청동 할머니에게는 경사였지만 이해랑의 마음은 슬픔으로 가득 찼다.

"나는 청량리역으로 할머니의 배웅을 나갔다. 발차 시

간이 되어 기차가 떠나자 다시는 할머님을 못 볼 것만 같아서 그만 울음을 터뜨렸다. 할머니도 창밖으로 손을 내밀어 나의 눈물을 닦아주면서 우셨다. 그리고 나는 북녘을 향해 떠나는 열차의 창가에 앉으신 할머니의 모습을 따라가며 한없이 울었다."[2]

    10년 가까이 어머니처럼 여기던 할머니를 태운 열차가 떠난 뒤 13살의 해랑은 청량리역에서 홀로 하염없이 울었다. 집에는 할아버지와 새 할머니가 있었지만 해랑에겐 삼청동 할머니만큼 편하진 않았다.
    삼청동 할머니가 귀향한 후 이해랑은 이전보다도 한층 과묵하고 고독한 소년이 되어가고 있었다. 온전히 외로웠지만 동시에 성숙해지고 있었다. 그리고 별다른 방황 없이 그 시절을 꿋꿋이 버텼다. 아마 왕족의 후예다운 기질과 엄격한 가정교육 덕에 길러진 꿋꿋함일 것이다. 14살이 되어 그는 아버지의 모교이자 전 직장인 휘문중학교에 입학했다.
    중학교에 입학한 지 얼마 되지 않아 함경도에서 편지가 왔다. 삼청동 할머니가 보낸 것이었다. 할머니는 절절한 이야기를 적어 보냈다. 오랜만에 고향에 와 너무나 기쁘지만 아직도 가끔씩 서울의 익숙한 풍경들이 눈에 아른아른 밟힌다는 것, 그리고 해량이 너를 두고 오는 것이 못내 마음에 걸렸고, 많이 보고 싶다는 것, 마지막으로 청량리역에서 서럽게 울던 모습이 자꾸만 떠올라 밤에 가끔 잠이 오질 않는다는 것.

할머니의 편지는 그리움을 더했지만 동시에 동기부여도 되었다. 바로 "방학이 되면 모든 일을 제쳐놓고 함경도로 삼청동 할머님을 찾아뵈자"고 다짐한 것이다. 중학교에서의 수업은 듣는 둥 마는 둥, 그는 방학만을 기다리고 있었다.

그러나 함경도 여행 계획은 시작도 전에 분쇄되고 말았다. 함경도에서 삼청동 할머니의 부고가 전해졌다. 방학만 기다리며 함경도에 방문할 생각으로 설레던 첫 학기가 그렇게 끝이 나버렸다. 해량은 어머니를 두 번 잃은 것이나 다름없었다. 우울하기 짝이 없는 소년 시절의 첫 페이지가 그렇게 끝났다.

두 번의 누명

집안의 유복함과 유년기의 행복이 꼭 비례하지 않는다는 말은 이해랑에게 딱 들어맞는다. 남부러울 것 없는 집안에서 태어났으나 친모와 유모를 차례차례 잃고 고독하게 14세를 맞이했으니 말이다. 하지만 어린 그에게는 어머니의 부재 외에도 힘든 일이 자꾸만 일어났다.

유년기 이해랑의 불행한 사건 목록 중 그의 기억에 가장 강렬하게 남은 일은 바로 누명을 썼던 경험들이다. 첫 번째로는 아직 삼청동 할머니가 곁에 있던 국민학생 시절의 사건이다. 그가 태어나 살았던 와룡동 인근에는 파고다 공원이나 취운정 등 아이들이 놀러 다니기 알맞은 장소가 많았다. 학교종이 치고 나면 이해랑도 친구들을 자주 따라나섰다. 당시 동네 친구 가운데는 훗날 장군의 아들로 유명한 김두한金斗漢도 있었다. 김두한은 어린 시절에도 대장의 자질이 있었다. 동네 아이들은 그의 진두지휘를 받으며 동네를 쏘다녔다. 이해랑도 방과 후마다 친구들과 함께 종로 인근을 누비다가 저녁이 되어 귀가하는 평범한 동네 어린이였다.

당시 이해랑과 친구들이 누비던 와룡동 인근에 대규모의 하수도 복개 공사가 있었다. 동네 아이들은 물론 이해랑도 공사현장을 구경하곤 했는데 종종 공사 자재를 훔쳐다 엿을 바꿔먹는 불한당들이 동네에 있었던 모양이다.

어느 날 평소처럼 학교가 끝나고 공사현장을 구경하고 있었다. 일본인 공사감독이 갑자기 그런 그를 불러 세웠다. 얼마전 공사 자재를 훔쳐 간 것이 바로 네놈 아니냐는 것이다. 일본인 공사감독은 이해랑을 끌고 가 매질을 하며 자백을 강요했다. 그런데 저지른 일이 없으니 자백할 말이 나올 턱이 있나. 거짓 자백으로 도둑놈이 될 수도 없는 노릇이었다.

어린 손주가 집에 돌아오지 않으니 집에서는 난리가 났다. 어른들이 수소문한 결과 이해랑이 공사감독에게 끌려갔다는 사실을 알 수 있었고, 의전관으로 명망 높은 할아버지가 나선 덕분에 겨우 풀려날 수 있었다. 이때의 억울함은 일본인의 매질보다도 더욱 아팠다. 앞으로 외출을 삼가고 행동을 삼가라는 꾸지람도 뒤따랐다. 안 그래도 얼굴에 그득했던 그림자가 더 짙어진 사건이었다.

누명을 쓰는 일은 없어야 좋고 한 번도 많다. 그러나 그가 중학생 첫 방학을 보낼 때 일이 기어코 반복되고야 말았다. 이번엔 그 댓가도 훨씬 참혹했다. 1929년, 첫 학기를 보내던 이해랑은 삼청동 할머니를 만나러 함경도에 갈 생각에 수업을 그냥 저냥 버티고 있었다. 그러나 함경도 여행을 결심하게 만든 할머니의 애정 가득한 편지 이후 와룡동에 도착한 건 할머니의 부고였다. 상심한 이해랑은 함경도 여행 계획을 접을 수밖에 없었다. 하지만 중학생으로 맞는 첫 방학을 그냥 집에서만 보내고 싶지는 않았다. 원래의 계획을 살짝 틀어 이참에 친구와 함께 만주로 무전여행을 가기로 한 것이다.

이해랑의 무전여행은 경쾌하게 시작되었다. 열차 안에서 이해랑은 친구와 학교 이야기나 만주에 대한 기대로 수다를 잔뜩 떨었을 것이 틀림없다. 경성의 복판에서 나고 자란 이해랑에게 창밖 풍경은 그 자체로도 신기한 볼거리였다. 수다쟁이 두 소년을 태운 열차는 힘차게 평안도를 통과해 신의주에 이르렀다.

그런데 예정과 달리 열차는 이해랑과 친구를 신의주에

내려둔 채 뒤통수를 보이며 압록강을 홀로 건넜다. 불심검문 때문이었다. 일제강점기의 조선에선 언제 어디서나 감시의 눈치가 살벌할 수밖에 없었고, 국경 지역에서는 더하면 더했지 결코 경성에 모자라진 않았다.

물론 이해랑이 독립투사처럼 일제에 일격을 가할 만한 힘이 있거나 그럴 계획이 있을 리도 만무했다. 그저 『열하일기』에 묘사된 장쾌한 만주 벌판을 어서 보고 싶을 뿐이었다. 그러나 일제 헌병 눈에는 아주 수상한 2인조 밀사처럼 보였던 모양이다. 목적은 따로 없고 돈 한 푼 없이 국경을 넘겠다는 까까머리 학생들이라니. 그들의 눈에 이해랑과 친구는 변변한 알리바이가 하나 없는 용의자였고, 불온 분자였으며, 독립군 유망주였다.

이해랑의 첫 방학 여행은 신의주에서 발걸음을 멈추고 비디오를 되감듯 역행되어 경성의 종로경찰서에서 끝났다. 꼼꼼하고 의심이 많은 일제 헌병들은 이해랑과 친구를 구금하여 호송시켰다. 일제 헌병과 경찰이 합작한 누명은 공사 자재를 훔치지 않았느냐고 몰아세우던 공사감독의 누명과는 차원이 달랐다. 할아버지마저도 호출되어 조사를 받아야 하는 지경이었다.

왕족 가문의 가장이자 의전관이었던 할아버지는 어딜 가나 대접을 받았기에 그의 요청은 어지간해선 그대로 받아들여졌다. 하지만 이번만큼은 손주의 석방을 바라는 할아버지의 요구마저 일언지하에 거절당했다. 일본 경찰들은 도대체 너희 같은 학생들이 국경을 건너려던 이유가 뭐냐고 캐물었지만 맡은 바 임무가 없었으니 할 말도 없었다. 결국 부산에서 병원을 운영하던 아버지가 상경하여 아들 일행은 아무런 혐의도 없으며 앞으로 불온한 일이 또 발생한다면 기꺼이 책임지겠다는 각서를 쓴 이후에야 마무리되었다.

겨우 돌아온 집에서는 집안 어르신들의 호통으로 연장전이 벌어졌다. 그쯤에서 끝났으면 그나마 다행이었을텐데, 재학생이 경찰서에 끌려가 구금까지 당한 일은 명문임을 자랑하는 휘문중학교에선 받아들일 수 없는 일이었다. 이해랑의 아버지가 생물교사였던 인연도 무심히 외면한 채 휘문중학교는 신속히 그를 퇴학시켰다. 삼청동 할머니의 부고, 헌병의 연행과 구금, 집안 어른들의 꾸지람, 퇴학까지 온갖 불행이 감수성 예민한 14세 소년을 연이어 때렸으니 버틸 기운이 남아있지 않았다. 이해랑은 몇 날 며칠 동안을 밤을 지새워 울었다.[3] 참으로 처절한 여행 후기가 아닐 수 없다.

다섯 벌의 교복

아무리 부잣집이라도 자식의 진학 문제만큼은 부모의 뜻대로 되지 않는가 보다. 이해랑은 조선팔도를 통틀어도 손꼽힐만한 집안의 종손이건만 정작 중학교에서는 한 학기 만에 쫓겨났으니 말이다. 그러나 휘문중에서의 퇴학은 예고편에 불과했다. 퇴학이라는 철퇴 속에서도 다행히 집안의 유복함은 버팀목이 되어 주었다. 할아버지는 곧 다음 학교를 물색하여 휘문중 못지않은 명문 배재중학교에 손자를 편입시켰다.

집안의 유복함은 편입까지만 도움을 주었을 뿐 순탄한 학교생활까지 보장해주진 못했다. 우선 배재중의 교사들에게 이전 학교에서 퇴학을 당하고 온 이해랑은 요주의 인물이었다. 이해랑의 억울한 사정이야 배재중학교의 구성원들이 알 리가 없었다. 거기에 공부는 여전히 하는 둥 마는 둥했고, 새로 사권 친구 중에는 불량한 학생도 몇 있다 보니 교사들의 눈초리는 매서워져 갔다.

교사들뿐 아니라 학생들도 이해랑을 눈여겨본 모양이다. 그는 배재중에서도 졸업식을 치르지 못하게 된다. 하지만 이곳에서 인생의 큰 자산을 얻게된다. 훗날 평생의 동료이

배우 김동원(1916~2006)

자 친구가 되는 대배우 김동원(1916~2006)을 배재중에서 만난 것이다. 아직 둘이 친하기는커녕 인사를 나누는 사이가 아니었을 때도, 김동원에게는 이해랑이 매우 인상적이었던 모양이다. 김동원은 이해랑의 중학 시절 인상을 다음과 같이 회고했다.

"옷 잘 입고 멋쟁이로구나, '모던 뽀이'야, 해랑은 모던 뽀이어요. 그러니까 학생들 눈에 딱 띄었지."[4]

이토록 주목을 받는 처지였으니 이해랑으로서는 매사에 주의해야 마땅했다. 하지만 정작 본인은 그런 시선에 연연하지 않았다. 그러던 중 사고가 터졌다. 당시 배재중학교에는 동

맹 휴학에 대한 모의가 모락모락 피어나는 중이었는데, 그 쪽지가 하필이면 이해랑의 손에 왔을 때 교사에게 발각된 것이다. 별다른 항변의 기회도 얻지 못한 채 교문을 나서야 했다.

　　남들은 한 번 겪기도 힘든 퇴학을 두 번이나 겪었으니 집안의 불호령이 당연히 뒤따랐다. 그래도 집안의 어른들이 귀하디귀한 종손의 미래를 포기할 리가 없었다. 이해랑은 곧바로 중동학교로 편입되었다. 이씨 왕손의 집안과 중동학교의 설립자가 친분이 있었기에 가능한 편입이었다. 두 번이나 퇴학을 당했으니 이번만큼은 이해랑도 조심스러웠다. 하지만 여전히 공부엔 흥미가 없었고, 계속 불행한 일만 생기니 책상에 진득히 붙어 있을 마음이 들 리도 만무했다. 한창 끓어오를 혈기와 뒤숭숭한 마음을 그나마 식혀준 것은 바로 수영이었다. 그는 방과 후 청계천이나 이따금 멀리 한강을 찾아 헤엄을 치며 마음을 달랬다. 그러다보니 시간이 흘러 졸업식 날이 되었다.

　　하지만 이해랑은 다시 중학교에 들어가야만 했다. 당시는 대학교 입학시험을 치를 자격을 얻으려면 6년제 학교의 졸업장이 필요한데, 중동학교는 4년제 각종학교였고 집안 어른들에게는 종손이 대학 졸업장도 없이 살아간다는 건 상상도 할 수 없었다.

할아버지와 아버지는 고심 끝에 이해랑을 일본으로 보냈다. 이른 유학생활이 시작된 것이다. 이해랑은 처음으로 가족과 완전히 떨어져 지내게 되었다. 아버지 이근용이 나온 교도제국대학 인근의 료요兩洋중학교에서 17살을 맞았다. 그러나 고국에서도 고단했던 학교생활이 낯선 이국땅, 그것도 식민지 출신의 소년에게 달콤할 리가 없었다. 일본 학생들은 이해랑을 따돌렸다. 조선인이다 보니 쉽게 괴롭힘의 표적이 된 것이다. 이런 사정을 나중에야 알게 된 부친은 이내 아들을 가네가와金川 중학교로 전학시켰다.

다행히도 가네가와 중학은 이해랑의 마지막 중학교가 되었다. 1934년 3월. 6년간 편입과 전학을 반복하며 5개의 학교를 전전한 끝에 마침내 대학 입시를 치를 자격이 주어진 것이다. 이를 위해 교복을 다섯 벌이나 맞춰야 했지만, 이근용은 그동안 속이 상했던 만큼 아들의 졸업이 뛸 듯이 기뻤다. 이해랑이 졸업을 하자마자, 그는 양복집 사람을 불렀다. 전문대학을 마쳐도 겨우 양복을 입을까 말까 한 시절에 이해랑은 험난한 중학생활을 마친 보상으로 근사한 정장을 한 벌을 얻을 수 있었다. 하지만 이근용은 아들이 대학에서마저 자신을 괴롭히리란 사실을 꿈에도 몰랐다.

첫 대학과도
이별을

이제 당당한 대학생이 될 이해랑에게 거는 집안의 기대는 컸다. 아무래도 대대로 엘리트를 배출한 명문가 아닌가. 이근용은 내 아들도 좋은 학벌에 남부러울 직업을 갖게 되리라고 생각했다. 부친과 숙부가 그랬듯, 그도 의과대학 진학을 권유받았다. 하지만 이 중학 저 중학을 떠도는 사이 이해랑과 공부는 어색할 만큼 어색해진 사이였다. 공부에는 뜻도 재미도 없었다. 그러다보니 경성제국대학과 같은 당시 최고 대학의 교문은 쳐다볼 엄두도 나지 않았다.

부친도 그 사정을 모르는 바 아니었다. 이해랑의 본가는 학비 좀 보탠다고 휘청거릴 집이 아니었으니 유학이 다음 선택이었다. 일제강점기의 지식인들은 주로 일본에서 유학을 하는 경우가 많았다. 그러나 일본으로 돌아가고 싶지는 않았다. 료요 중학과 가네가와 중학을 다니며 좋은 기억이 없었던 이해랑에게 일본이라면 진절머리가 났다. 국민학교와 중학 시절 누명을 씌워 괴롭혔던 사람들도 전부 일본인들 아닌가.

경성제국대학은 어렵고, 일본은 내키지 않는 가운데 부상한 선택지는 상하이었다. 마침 멋쟁이 숙부가 그곳에서 의사를 하고 있었다. 어릴 때부터 삼촌을 무척 좋아했기에 상하이라면 잘 지낼 수 있을 것만 같았다. 숙부 역시 집안의 장손을 맡게 되었다는 사실을 무척이나 기꺼워했다. 부산의 아버지 집에서 잠시 머무르던 이해랑은 곧 상하이행 배에 몸을 실었다.

숙부의 집은 상하이의 프랑스령에 있었다. 프랑스의 자치령 같은 곳이라 일본인도 함부로 올 수 없는 곳이었다. 대한민국의 임시정부도 이곳에 있었다. 그 사실 때문에 나중에 곤혹을 치르게 되지만…….

숙부는 지금은 상하이대학으로 개명한 후장滬江대학에 조카를 입학시켰다. 이해랑의 거처는 곧 기숙사로 바뀌었고, 중국인들은 일본인들과 달리 한국 사람을 외면하거나 괴롭히지는 않았다. 일본인들에 대한 반감이 워낙 크다 보니 오히려 한국인은 반기는 분위기에 가까웠다. 특히 상하이 사변이 일어난 지 얼마 되지 않았기 때문이다.

누구 하나 괴롭히는 사람이 없자 이번엔 학업과 고독함이 이해랑을 압박해왔다. 중학 시절 학업에 매진하지 못했던 이해랑에게 의과대학의 학업량은 만만치 않았다. 더구나 외국어로 공부하려니 더더욱 고역이었다. 후장대학에서는 당연히 중국어 능력이 필수였고, 그렇지 않다면 영어나, 하다못해 프랑스어라도 능통해야 했는데 그게 하루 이틀 만에 될 문제가 아니었다. 한국어와 일본어 말고는 유창하게 쓸 수 없다 보니 친구를 사귀기도 어려웠다. 같은 방을 쓰던 중국인 학생은 이해랑과 말도 거의 섞지 않았다. 그도 아마 일본어나 한국어는 몰랐을테니 자연스러운 일이었다.

사실 언어로 인한 고독함이나 공부의 문제는 시간이 해결해줄 수도 있었다. 이해랑은 기본적으로 명석했으니 중국어가 익숙해진다면 공부도 쉬워졌을 것이고, 기숙사 같은 방 학생과도 이윽고 술잔을 기울일 수 있었으리라.

그렇게 한 학기가 겨우 마무리되자마자 제3의 문제가 터졌다. 고열로 시달리다 진단을 받아보니 장티푸스였다. 이해랑은 대학에서의 첫 방학을 꼼짝없이 병석에서 보내야 했다. 삼촌이 의사였으니 별문제 아니라는 생각이 들 수도 있겠지만,

당시 장티푸스는 쉽게 고칠 병이 아니었다. 방학이 끝날 무렵까지도 이해랑은 병석에 있었다. 심각한 고열에 가끔은 사경을 헤매다 보니 4개월이나 지났다. 겨우 장티푸스를 떨치자 두 번째 학기도 그사이 끝났다. 익숙하지 않은 언어, 괴롭히는 건 아니지만 그렇다고 다정하지도 않은 학우들, 어려운 외국어, 질적 양적으로 따라가기 어려운 학업… 이해랑은 일본에 이어 상하이마저도 지긋지긋해졌다. 그동안 자신을 보살펴준 숙부에게 작별 인사를 드리고 다시 부산행 배에 몸을 실었다.

운명은
우연처럼
온다

이해랑이 상하이에서 돌아왔을 때 그의 부친이 얼마나 상심했을 지는 쉽게 짐작할 수 있다. 아들에게 걸었던 기대는 이제 완전히 쪼그라들었다. 이해랑도 싫더라도 일본에 가서 대학은 마쳐야겠다고 생각하고 있었다. 하지만 부친의 반응은 예전과는 사뭇 달랐다.

"너는 이제 장사를 해라. 구멍가게라도 해서 생업에 발을 들여 놓아라. 가게는 성실성만 있으면 되는 거니까. 네가 공부해서 의사가 되겠느냐, 변호사가 되겠느냐."[5]

이근용은 이제 아들이 의사가 되리란 기대는 온전히 버린 채, 그저 성실한 성인으로 독립해서 어떻게든 한 사람의 몫이라도 하게 되길 바랐다. 이해랑은 그런 아버지의 훈계를 견디며 부산에 계속 머물렀다. 그러는 사이 문학이 그에게 침투하기 시작했다. 상하이에서 돌아온 뒤 부산 아버지 집에서 몸을 회복하는 사이 독서하는 습관이 붙은 것이다. 세계문학전집이나 일본 소설 등을 탐닉하는 동안 이해랑이 훗날 연극을 하는 데 요긴히 쓰일 기틀이 자연스레 닦이고 있었다.

아들이 책을 읽거나 말거나 부친의 태도는 요지부동이었다. 이해랑은 중학을 다니면서도 문학은 좋아해, 책 읽는 습관이 몸에 배어있기도 했다. 문학 공부라면 열정적으로 임할 자신이 있었다. 열심히 할테니 대학에서 문학을 공부하게 해달라고 아버지를 설득했지만 그때마다 장사나 배우라는 대답만 돌아왔다. 이렇게 이해랑의 20대 초입은 부산에서 표류하고 있었다.

우리는 이해랑이 위대한 연극인임을 이미 알고 그의 이야기를 본다. 그렇기에 이때쯤 해서 뭔가 대단한 사건으로 인해 이해랑이 부친의 생각을 완전히 바꾸었다거나, 운명적인 무언가가 그를 연극의 길로 이끈 것 아닐까 싶기도 하다. 하지만 미리 이야기하자면 그런 일은 없었다. 오히려 극히 우연적인 일들이 그를 연극의 품에 안겼다. 마치 종이배를 입으로 불어 앞으로 보내듯 조금씩 조금씩.

이해랑이 부산의 방 한구석에서 독서에 매진하던 중, 뜻밖의 방문이 이해랑을 다시 대학으로 이끌었다. 이근용은 휘문중학교 생물교사로 있을 당시 훌륭한 학생을 여럿 길렀는데, 그중에는 1920년대 신무용의 선구자로 전국에 명성을 떨치던 무용수 조택원도 있었다. 조택원(1907~1976)은 순회공연차 부산에 들른 바쁜 와중에도 스승을 잊지 않고 인사를 드리러 왔다. 당연하지만 당시 남성이 무용을 한다는 것은 무척 드물기도 했거니와, 애초에 무용은 남성이 진지하게 배울 만한 일로 대우받지도 못했다. 그런 시대에도 무용수로 이름이 높았으니, 당시 조선 땅에서 조택원의 위상은 정말 대단한 것이다.

조택원(1907~1976)

그런 조택원을 보자 이해랑이 꾀를 냈다. 그를 통해 부친을 설득해보기로 한 것이다. 계속 학교를 관두기만 했던 자신이 계속 조르기보다는 명성 있고 총애받는 제자가 부탁한다면 아버지가 귀를 기울여 줄 것 같았다.

"여보 조선생, 난 일본에 가서 공부 좀 하고 싶은데 부친이 반대해요. 부친을 설득 좀 해주시오."

조택원 역시 사대부 집안의 아들로서 춤을 춘다고 따가운 눈총을 견뎠던 시절이 있었다. 세상의 인정을 받기 전까지 집안 어른들의 호령이 그칠 날이 없었다. 비슷한 처지의 이해랑을 보고 조택원은 자신의 어린 시절을 떠올렸을지도 모른다.

이근용은 아들이 일본에 가겠다고 할 때마다 꾸짖었지만 내심 의학이 아니더라도 대학 공부를 끝내기를 바라고 있었다. 그러던 와중에 애제자가 드릴 말씀이 있다하니 애써 못마땅한 척하며 귀를 기울였다. 물론 겉으로는 "쟤는 장티푸스를 앓아 머리가 나빠졌으니 창작과 같은 일은 어렵네.", "저 아이는 장사나 하는 게 낫겠네."라며 손사래를 쳤다. 그때마다 조택원이 답했다. "저 역시 공부는 못했습니다." 이해랑에겐 무엇보다 든든한 한마디였다. "자네처럼 훌륭한 예술가가 될 수 있다면 나도 왜 거절하겠는가." 이근용은 재차 어려운 일이라 답했지만, 결국에는 제자와 아들의 간청을 결국 이기지 못했다.

기왕 일본 유학이 결정되었으니 부친은 다시금 의과대학에 가라고 아들을 떠밀었다. 이미 4월이니 올 한해 푹 쉬면서 장티푸스를 완전히 떨쳐내고 다시 학업에 매진하라는 것이었다. 이미 몸이 쑤셔 견딜 수가 없었던 이해랑은 당장이라도 들어갈 수 있는 대학을 알아보기 시작했다. 하지만 벚꽃이 이미 만개한 계절이라 당연히 대부분의 대학이 입시과정을 마무리한 터였다. 하지만 유일하게 아직 신입생을 모집하는 대학이 있었다. 바로 니혼대학日本大學이 학교 사정으로 인해 늦은 입시 일정을 치르고 있었다. 둘도 없는 기회라 생각한 이해랑은 서둘러 대한해협을 건넜다.

"실로 우연한 기회이지만 이 우연한 기회가 나의 일생을 결정해버리고 말았다. 만약 니혼대학이 다른 대학처럼 학기를 맞추어 신입생을 뽑았더라면 오늘의 이해랑은 전혀 다른 분야에서 활동하고 있을지도 모른다."

그렇게 이해랑은 니혼대학의 예술과에 지원하여 신입생이 되었다. 한국 연극사의 거인이 연극에 발을 들인 그 순간이 어떤 운명적 이끌림이나 철저한 숙고 뒤에 나온 결정이 아니라 그야말로 여러 우연으로 맞아떨어졌다니 아이러니일까?
연극학자 유민영(단국대 석좌교수)은 그의 입학은 지극히 우연이지만 어떤 필연적인 배경이 깔려 있다고 보았다. 그에 따르면, 이해랑의 예술과 입학은 인문학자가 많았던 그의 집안 DNA가 그를 연극으로 이끈 것일 수도 있고 모성 상실에 의한 자기부정 혹은 저항 성향이 집안의 전통과 전혀 다른 진로를 선택한 계기가 되었을 수도 있는 것이다. 그리고 어떤 역사의 운명적인 견인도 있었을 것이라 보았다.[6]

운명이 실제 있는지 아닌지를 설명하기란 불가능하다. 다만 분명 인생에는 우연이 잦다. 부모나 고향, 타고난 생김새 등을 골라서 태어나는 사람은 없다. 평생 따라다닐 이름마저도 스스로 지을 수 없다. 재능도 선택의 몫이 아닌지라 하고 싶은 일과 잘할 수 있는 일은 도무지 짝꿍이 되기 어려울 때도 많다. 성장하면서 받는 교육이나 겪는 사건들에 따라 인생은 조금씩 자의성을 갖기도 한다. 하지만 순간마다 어찌할 수 없는 선택지나 조건은 대부분 우연히 온다.

우연은 우리에게 다양한 배역을 맡긴다. 우리는 여러 우연이 겹치는 가운데 노력과 선택을 할 뿐이다. 지금도 여러 우연이 부지불식간에 흘러가고 있을지도 모르겠다. 아마 대가들은 우연의 가면을 쓰고 찾아오는 기회 중 하나를 붙들어 자신의 운명으로 개척해 나가는 것 아닌가 싶다. 그런 점에서 이해랑의 니혼대학 예술과 입학이라는 우연은 운명이라고 바꿔 불러도 크게 틀린 말은 아닐 것이다.

그렇게 운명처럼 이해랑은 연극에 첫발을 내딛었다. 어머니의 부재와 잦은 편입, 억울한 누명과 장티푸스로 인한 유학의 중도 포기 등 굽이굽이 길게 이어진 행로 끝에 거인은 겨우 출발선에 섰다. 그는 연극을 만난 기쁨을 다음과 같이 표현했다.

"그 전에는 감히 내 의사를 제대로 표현 못했다. 표정도 굳어 있었고 자연스럽게 웃어보지도 못했다. 웃음이 터져 나와도 억제하고 고통을 당해도 이를 악물고 참았다. 연극을 하면서 내 성격은 비약했다. 남들과 같이 솔직하게 자기가 느낀 대로 행동하고 웃을 때 웃고 생각을 제대로 표현할 수 있는 사람이 됐다. 연극이야말로 내 일생의 업業이었던 것이다. 연극을 한 후부터 삶의 즐거움을 찾고 도취하게 됐다."[7]

2장

무대로 향하는
굽어진 길

다시
유치장으로

1935년, 이해랑은 예술과의 신입생이 되었다. 힘들게 온 대학인만큼 지금까지와는 달리 공부에 충실했다. 강의실에서도 그랬지만 그는 지식에 목말라 있었다. 생활비를 쪼개 책을 사고 연극 공연을 보러 다녔다.

그러던 어느날, 강의실에서 수업을 듣고 있는데 갑자기 학생처 교수가 찾아와 이해랑을 복도로 불렀다. 나와보니 모토후지元富土 경찰서에서 나온 고등계 형사 둘이 기다리고 있었다. 그들은 별다른 안내도 질문도 없이 이해랑을 경찰서로 데려갔다. 사실 붙잡아 갔다고 보는게 더 옳겠다.

이해랑은 영문도 모른 채 강의실에서 유치장으로 순간 이동 하듯 옮겨졌다. 유치장에 예의바른 인간이 있을 확률은 희박한 법이고 일본이라고 다르진 않았다. 그 좁은 유치장에서 미리 와 있던 일본인 죄수들이 텃세를 부렸다. 귀하게 자란 그로서는 말도 섞어볼 일이 없었던 부류의 사람들이었다. 하릴없이 이해랑은 한쪽 구석에 있는 변소 뚜껑 위에 앉아서 형사들이 부르길 기다렸다.

그때까지만 해도 이해랑은 상황을 낙관하고 있었다. 자신을 잡아온 형사들에게 별다른 말도 듣지 못 한데다 애초에 아무 잘못도 없으니 오해가 곧 풀릴 것이라 생각했다. 같은 방에 있던 일본인 불량배들은 몇 층의 볼일로 왔냐고 물었다. 2층이라 대답하자 감방장이 "하루 이틀이나 일주일 있다 나갈 생각 마라. 몇 달은 족히 걸릴테니 맘 느긋이 먹어야겠다."라고 말했다. 그때만 해도 이해랑은 '미친놈 같으니라고, 난 이 세상에서 죄를 저지른 적이 없는 걸.'하고 생각했다.

그 다음날까지 꼬박 기다리자 드디어 형사들이 이해랑을 불렀다. 그리고 취조실에 가둬놓고 두들겨 패기 시작했다. 한참을 얻어맞고, 정신이 오락가락하자 그제서야 심문이 시작되었다. 형사들은 이해랑에 대해 생각보다 많이 알고 있었다. 그들은 이해랑에게 도쿄에 오기 전에 상하이의 프랑스인 거주지역에 있지 않았냐면서, 도쿄엔 무슨 일로 와서 학생으로 위장하고 있느냐고 험악한 분위기를 만들었다.

'사쿠라다몬桜田門 의거' 또는
'이봉창 의거'라고 한다.

이해랑이 니혼대학에 입학하기 바로 전 사쿠라다몬桜田門 사건(1932)이 있었다. 한국 청년 이봉창이 쇼와천황昭和天皇을 향해 폭탄을 던졌던 의거다. 그 독립투사 이봉창이 출발한 곳이 하필이면 상하이였다. 그렇지 않아도 조선인 청년들은 알게 모르게 일제의 감시 속에서 살 수밖에 없었는데, 사건이 터지자 상하이 거주 경험이 있는 조선인은 한 번씩 유치장을 방문할 수밖에 없었고 이해랑 역시 수상쩍게 여겨진 것이다.

일본 형사들은 너도 폭탄을 터뜨리려 왔느냐, 상하이 프랑스인 거주 지역에서 독립투사들과 어떤 모의를 했느냐면서 고문을 이어갔다. 그들이 원하는 답은 정해져 있었다. 그렇다고 거짓자백을 했다간 목숨이 끝날 상황이었다. 고국에 있는 부친에게 자신의 처지를 전할 방법조차 없었다.

석 달이 넘는 시간동안 같은 일정이 반복되었다. 취조실에서는 다양한 고문이 로테이션으로 진행되었다. 그들은 조선인 청년을 죽기 전까지 때리거나, 거꾸로 매달거나, 그 상태로 물을 먹이기도 했다. 이해랑은 매일 저녁 의식이 없는 상태로 유치장에 돌아왔다. 다른 죄수들이 텃세를 부려도 자리를 비켜줄 힘조차 없었다. 다시 아침이 오면 같은 일이 반복되었다.

일제 형사들은 그동안 이해랑을 반복적으로 고문하면서도 뒤로는 조사를 이어갔다. 조회결과 그의 할아버지가 조선의 고등관인 것과 부친이 신원 확실한 의사이자 부산의 부의원이라는 것을 확인한 후 그를 풀어주었다. 이것도 이해랑의 운이자 집안 덕이랄 수도 있다. 한미한 집안의 자제였다면 무엇 하나 밝혀지지 못한 채 고문실에서 죽었을지도 모른다.

석방 후에도 이해랑은 강의실로 돌아가지 못했다. 의자에 앉을 수도 없거니와 몸이 망가질대로 망가진 그에겐 회복을 위한 휴식조차 버거웠다. 그는 아주 오랫동안 하숙방에 누워만 지내야했다.

고문 생활은 그의 몸만 망가뜨린 것이 아니었다. 양반집 자제로 곱게 자란 그가 석 달간 유치장 생활을 한 일이며, 무엇보다 불시에 들이닥친 연행이 그를 두려움에 떨게 했다. 자신의 무고함에 관계없이 언제 어디서든 잡혀갈 수 있고 고문 받을 수 있다는 사실이 그를 움츠러들게 했다. 중학 시절에도 아무 죄 없이 종로경찰서에 갇힌 적이 있지 않은가. 그때도 식민지 청년을 대하는 일제의 법에는 절차가 없었다.

모진 고문에 비할 바는 아니지만, 유치장에서 보낸 시간 동안 소득이 전혀 없지는 않았다. 첫 번째 소득은 귀한 인연이다. 그곳에서 이해랑은 좌익 운동 명목으로 먼저 유치장에 와 있었던 복싱선수 우에무라와 김사량을 만난 것이다. 이 둘은 모두 한국인으로 이해랑에게 심적인 의지가 되었다. 그 중 우에무라는 중국 상하이에서 권투를 배워 온 학국인인데, 사쿠라다몬 의거 당시 그 지방에 머물러 있었다는 이유로 잡혀 와 있었다. 그리고 문필가인 김사량金史良(1914~1950)은 훗날 『빛 가운데』라는 단편소설로 아쿠타카와 상芥川賞*을 수상하게 된다. 해방 후로는 극작가로도 왕성히 활동하며 이해랑의 공연에 필요한 작품을 집필해주기도 하였다. 두 번째 소득은 바로 식민지 조선의 현실에 눈뜨게 된 것이었다. 즉 일제에 대한 적개심이 일깨워졌으며 애국심을 자각한 계기를 얻었다. 사실 식민치하에서도 이해랑은 유복한 집안 덕분에 부족함을 모르고 자랐으며, 자연히 독립운동에 대한 관심도 적었다. 하지만 만주에서 억울하게 체포되었던 경험과 도쿄에서 겪었던 3개월의 유치장 생활은 모국의 현실을 마주보게 했다. 이로 인해 그는 모국의 청년들이 어떤 처지에 놓여 있는지를 몸으로 깨달을 수 있었고, 자신과 배경이 다른 조선인 청년들을 이해하고 먼저 다가갈 수 있게 되었다. 훗날 그가 친일극을 거부하면서 고협이나 현대극장 등을 단호히 떠나게 되는 데는 유치장 사건의

*일본 최고의 문단 등용문

영향이 절대적으로 컸다.

　　식민지 청년으로서의 자아가 눈을 뜨면서 몸이 회복되는 이상으로 이해랑의 정신 역시 강해지고 있었다. 훗날 그는 이 사건을 회고하며 "석 달 동안 고문에 견딘 후로는 세상에 무서운 것이 없었다."면서 고문을 견딘 지구력 덕분에 배고프고 고된 연극의 현장을 한결같이 지킬 수 있었다 회고한다.

　　'타산지석他山之石'이란 말이 있다. 안 좋은 것으로부터도 배울 점이 있다는 뜻이다. 물론 엄밀히 말해 그가 겪은 고문은 아무짝에도 쓸모가 없다고 해도 과언은 아니지만, 그는 이마저도 발전의 발판으로 삼고 있었다. 범인凡人은 보여주기 힘든 묵직한 사고다.

스스로 이름을 짓다

니혼대학 입학은 매우 운명적이었지만, 모토후지 경찰서에서의 석 달은 예정에도 없던 일이었다. 고문은 인간을 상상 이상으로 피폐하게 만든다. 몸을 회복하는 동안 당연히 이해랑의 정신도 기진맥진해 있었다.

하숙방에 칩거하는 사이 옛 동창이 찾아왔다. 배재중학교를 다니던 시절 인연이 있던 배우 김동원이었다. 미래의 슈퍼스타가 될 연극 유망주는 이해랑의 평생을 바꾸게 될 제안을 들고 왔다. 비록 아마추어라도 극단활동을 제대로 해보자는 것이었다. 김동원은 그동안 학교와 책에서 배운 내용을 실천으로 옮기자고 말했다.

당시 도쿄에는 조선 유학생들이 모여 만든 도쿄학생예술좌東京學生藝術座가 있었다. 이해랑은 창단 1년을 갓 넘긴

학생예술좌의 새 회원이 되었다. 이해랑이 살면서 몸담은 첫 극단이랄 수 있다. 도쿄학생예술좌는 아마추어 단체였지만 대학생이 드물던 당시를 기준으로 보자면 그 회원들은 조선 제일의 지성인들이라 할 수 있었다. 연극뿐 아니라 문학, 무용 등 다양한 전공의 대학생들이 모인 도쿄학생예술좌의 구성원은 화려했다. 김동원·주영섭·박동근·황순원 등 훗날 조선의 문화예술계를 이어갈 인재들이 학생예술좌를 지키고 있었다. 훗날 연극계의 든든한 큰 형님이 되어준 유치진柳致眞(1905~1974)을 만난 것도 이 시절이다.

　　부모님이 곁에 없던 어린 날, 엄숙하기만 했던 집안의 분위기, 종손인 자신을 향한 어른들의 기대, 잦은 편입과 전학, 두 번의 대학 입학, 석 달 간의 고문까지 견뎌서 그랬을까. 그는 해방감과 자기 충족에 전율했다. 니혼대학에 입학하면서 처음으로 자신이 하고 싶은 것을 찾았고, 이젠 그 실천의 기회가 온 것이다. 이해랑에게 "연극이야말로 내가 바라던, 내가 살 수 있는 세계"였으며 "연극하는 것이 자신에 대한 해방을 만나듯 그런 기쁨"을 주었다.

　　그의 해방과 자기주도적 삶을 상징적으로 보여주는 일, 바로 자신의 예명을 짓게 된 것도 이때다. 그의 본래 이름은 돌

유치진의 '춘향전' 한 장면

림자인 '바다 해海'를 쓴 해량海良인데, 배역표에 자신의 이름을 적어놓고 보니 '량良'이 특히 허전해 보였다는 것이다. 마침 종종 주변에서 자신의 이름 끝 자를 '랑'이라 부르던 것이 떠올랐다. 그는 무언가에 홀린 듯 바로 량 옆에 삼수변 'ㅣ'을 찍었다. 홀로 위태로워 보이던 '량'을 삼수변이 받쳐주는 모양의 '랑浪'이 되었다. 그는 자신의 예명을 본명보다 훨씬 사랑하게 되었다. 이제 이름을 잘못 부르는 사람도 없어졌다. 무엇보다 "다시 없이 낭만적인 이름"이었다. '바다의 파도'라는 뜻이니 얼마나 근사한가.

이해랑이란 이름 때문에 훗날 재미있는 오해도 생겼다. 한국 전쟁의 피난처였던 부산에서의 일이다. 당시 극작가 겸 영문학자인 한노단(1912~1977)이 한동안 카리에스[8]로 병석에 누워 있었다. 한노단과 이해랑은 둘 다 알아주는 주당이었으면서 함께 연극일을 하다 보니 자주 어울리는 사이였다. 하지만 한노단의 부인은 그게 영 석연치 않았던 모양이다. 어느 날 유치진과 그의 부인이 한노단에게 병문안을 갔다. 그런데 한노단의 부인이 유치진의 부인에게 벌겋게 달아오른 얼굴로 묻더라는 것이다.

"해랑이란 여자, 이쁜 여자에요?"⁹

그가 연극을 배운다는 일은 집에서는 펄쩍 뛸 일이었다. 고관대작이 나와야 마땅할 왕족의 집안에서 유일한 종손이 비천한 광대가 되겠다고 하니, 사실 학비도 대주기 싫었을 것이다. 이에 더해 이해랑의 작명 사건은 안 그래도 불타오르던 집안 어른들의 분노를 격노를 바꾸는 휘발유였다. 왕가에서, 그것도 어른들이 지어주신 이름을 자식이 함부로 바꾼 격이니 말이다.

하지만 연극이 그를 해방시켰다는 것, 그리고 그 해방감과 함께 그가 자신의 이름을 스스로 지었다는 것은 매우 의미심장하다. '이해랑'이란 이름을 지은 일은 고고한 사대부 집안에서 태어났다는, 남들에게는 부러웠을지도 모르지만 다른 한편으로는 그에게 늘 무거운 짐이었던 배경을 연극 무대에서 벗어던지고, 주어진 이름이 아닌 스스로 만든 이름으로 살아가겠다는 선언과 다름없었다. 이제 연극이 아닌 다른 길은 생각할 수도 없었다.

아,
이게 연극이구나

거인에게도 작았던 시절이 있다. 한국 연극사의 주역 이해랑에게도 당연히 처음은 있었다. 1937년 6월, 21세의 이해랑은 도쿄학생예술좌의 제2회 공연에서 '춘향전'의 단역을 맡아 처음으로 연기를 시작하게 되었다. 이해랑은 열심히 대본을 외우고 첫 무대연습을 기다리며 분장을 받았다. 그는 그때를 이렇게 기억한다.

"무대 연습하는 데 분장을 하고서 했다. 일본 분장사가 와서 내 얼굴에 분장을 해주며 "네 배역이 뭐냐"해서 "늙은 농부로 나온다" 했다. 그랬더니 얼굴에 주름살도 그리고 수염도 붙이고 가발도 씌웠다. "다 됐으니 거울을 가 봐라" 했다. 거울에 비춰 보니 내가 내 얼굴을 알아볼

도쿄학생예술좌 연극 '춘향전'

수 없었다. 스무 살 먹은 내가 6~70세 노인이 돼 버렸다. 나는 그때 내가 연극에 첫발을 디디면서 한 말을 기억한다. "아하! 이게 연극이구나." "내가 내 현실에서 벗어나 나와 다른 변모한 이 사람의 생활을 하는 것이구나." 연극의 매력이랄까. 다른 데서는 맛볼 수 없는 느낌을 첫 무대에서 분장된 얼굴을 보고 깊이 깨달은 것이다."[10]

대가들 사이의 공통점이 있다면 바로 걸음마 단계에서도 비범함을 보인다는 점이다. 독일의 연극학자 에리카 피셔-리히테Erika Fischer-Lichte는 연극을 다음과 같이 정의한다. "누군가가 바라보는 동안 배우는 다른 사람처럼 행동하는 것." 즉 연극에서 상대적으로 부분적인 특징이나 요소들을 깎아내어 그 최소한의 원리만 남겨놓는다면, 연극은 누가 바라볼 때 내가 아닌 사람처럼 행동하는 것이다. 무척 긴장되었을 첫 무대연습을 앞두고 연극의 원리에 닿는 그의 직관은 내재되어 있던 그의 예술적 재능을 엿볼 수 있게 한다.

이해랑의 21년에도 짧다면 짧고 길다면 긴 기간에 참으로 다양한 배역이 있었다. 어머니와 유모를 잃은 외로운 소년, 구금 경력이 있는 문제 학생, 병환으로 자퇴한 전前 의대생 등.

도쿄학생예술좌 멤버들

여기에 왕족의 후예로 태어나 비천한 광대인 배우의 길로 스스로 들어섰다는 줄거리가 더해지면 그의 삶은 그대로도 한 편의 드라마였다. 그는 훗날 대학 교수, 국회의원 등을 역임하며 더 폭넓은 인생의 배역을 수행해 나가지만, 이제 그의 인생에서 가장 중요한 배역을 소화할 차례였다. 그의 젊은 시절에서 가장 행복하고 빛났던 시절. 바로 신출내기 연극배우였다.

연극만은
하지마라

이해랑이 도쿄에서 연극에 대한 열정과 이로 인한 해방감에 전율하고 있을 무렵, 할아버지와 아버지는 경성에서 분노하고 있었다. 중학교도 그토록 마음고생을 시켜서 겨우 끝내고, 첫 대학에서도 병에 걸려 중도에 그만두고 온 터였다. 거기에 그렇게 졸라서 대학을 가겠다고 하길래 마지못해 일본 유학까지 보냈는데 예술과에 들어가 배우가 되다니 집안 어른들에게는 있을 수 없는 일이었다. 유학자와 의학자로 가득한 사대부 집안의 유일한 종손이 자처해서 비천한 광대가 되었다는 사실에 기가 찰 뿐이었다.

더군다나 '해랑'이라는 예명을 쓰기 시작했다는 소식은 조부의 화를 더욱 돋우었다. 그는 귀한 이름을 내팽개치고 사당패들이나 쓰는 이름자를 쓰냐며 무척 화를 냈다. 이해랑 스스로도 연극을 한다는 것, 스스로 이름을 짓는다는 것이 집안 어른들에게 어떻게 받아들여질지 잘 알고 있었다. 갑작스런 상황이면 몰라도 어느 정도 예상한 시련은 의연하게 대처할 수 있는 법이었다. 이해랑은 대한해협을 건너 자신의 뒤통수까지 육박하는 시선을 느끼면서도 아는 듯 모르는 듯 강의실과 도쿄학생예술좌 모임을 오갔다. 집에서는 당장이라도 그를 돌아오게 하고 싶었지만 직접적인 조치를 하진 않았다.

부친의 지원은 당연히 인색해졌다. 가산家産이야 늘 넉넉했고, 부산에서 손꼽히는 의사이자 부의원이었으므로 유학하는 아들에게 학비며 생활비는 풍족하게 보태줄 수 있었다. 하지만 연극을 공부하는 아들에게 전폭적인 지원은 있을 수 없었다. 그렇다고 딱 끊을 수도 없어, 부친은 최소한의 생활비를 딱 필요한 만큼만 부쳐주었다.

사정이 이렇다 보니 이해랑으로서는 대학 시절의 낭만이나 우아하고 여유로운 주말을 즐길만한 경제적 여유는 자연히 없었다. 하지만 부족한 지원 속에서도 연극 공부만은 충실히 해나갔다. 대학생으로서 강의는 충실히 듣고 있었으나, 수업만으로 연극에 대한 허기가 채워지지 않았다. 그는 도쿄 시내의 서점과 헌책방을 드나들며 닥치는대로 연극 관련 서적을 구해 탐독하고, 생활비를 쪼개고 아껴 극장을 드나들었다. 노력하는 자도 즐기는 자를 이길 수 없다고 했던가. 유망주 배우 이해랑으로서는 난생처음 겪는 생활비 부족도 연극에 대한 열렬한 마음에는 전혀 훼방을 놓지 못했다. 그의 지식과 실력은 무럭무럭 자라고 있었다. 그의 조부와 부친에게는 안타까운 일이지만, 그들의 종손은 배우가 되어서야 비로소 공부에 진정한 재미를 붙인 셈이다.

도쿄학생예술좌는 어디까지나 아마추어 단체였기에 때로는 좋지 않은 공연을 선보이기도 했다. '춘향전'의 하이라이트라 할 수 있는 암행어사 출두 장면에서는 단역을 맡은 학생들이 너무 긴장한 나머지, 포졸들의 행렬이 위풍당당하기는커녕 부들부들 다리를 떠는 한 무리의 패잔병처럼 보이기도 했다. 하지만 그런 실수 과정에서도 그는 착실히 실력을 쌓아나가고 있었다. 열정을 바탕으로 한 이론 공부와 현장 실습이 병행되는 가운데 우수한 선배와 동료들 곁에서 그는 진짜 배우로 거듭나고 있었다.

이해랑은 도쿄학생예술좌에서 처음으로 리더가 되기도 했다. 주영섭과 박동근에 이어 예술좌의 세 번째 대표가 된 것이다. 이해랑이 아니더라도 선배인 단원들이 여럿 있었으나 그 누구도 이해랑을 추대하는 데 반대하지 않았다. 그에게는 따로 내색하지 않아도 핏줄에 흐르는 일종의 리더의 기질이 있었는지도 모르겠다. 훗날 그는 예총과 국회에서도 통솔력과 인화력을 바탕으로 사람들을 아우르는 솜씨를 보여주게 된다.

제 손으로
둥지를 헐고

탄탄대로였던 그의 연극 학습기를 방해한 것은 의외로 집안의 부름이 아니었다. 순수하게 연극에 몰두하기엔 시대적 상황이 엄중했다. 1937년 여름이 되자 일제는 중국을 상대로 본격적인 침략을 개시하는 한편, 사상적으로 더욱 강력한 감시와 검열을 시행했다. 앞에서 보았듯이, 강의를 듣다가도 고문실에 석 달간 숙박해야 하는 것이 식민지 청년의 현실이었다. 당연히 도쿄학생예술좌는 수상쩍은 식민지 출신 유학생들의 모임으로서 주요 감시 대상이었다.

　　일제의 감시는 생각보다도 훨씬 직접적인 검열로 드러났다. 도쿄학생예술좌는 주로 번역극을 올리고 있었는데, 이해랑은 번역극도 좋지만 역시 조선인의 삶이 서린 창작극이 필요하다고 보았다. 이해랑이 연출가이자 극작가인 이서향에게 장막극 한 편을 부탁하자, 그는 장막극 '집'을 넘겨주었다. 대본을 읽어본 뒤 기쁜 마음으로 연습 일정을 잡고 공연 준비를 하려는데, 돌연 일본 경시청에서 공연 불가 통보를 보내왔다. '집'은 사회적 메시지가 담긴 작품도 아니었다. 이유야 알 수 없지만 확실한 것은 공연 불가 판정이 나면 무슨 일이 있어도 공연을 할 수 없다는 것이다. 항변을 보내봤자 결과는 뻔했다. 이해랑은 과거 유치장에서의 경험을 떠올리자 자연스레 움츠러들 수밖에 없었다. 식민지 출신에게 도쿄는 거대한 파놉티콘 Panopticon*이었다. 적극적으로 얌전해야만 했다. 사실 그렇게 해도 안전하리라는 보장조차 없었다.

도쿄예술학생좌가 표류하는 사이 경성에서는 더 큰 문제가 생겼다. 이서향·주영섭·박동근 등 일본 유학생들이 졸업 후 극연좌**에 가입한 뒤 유학생 일파와 기존 단원들 사이에 주도권 다툼이 벌어진 것이다. 일제가 문학이나 연극같은 예술 종사자들을 항상 눈여겨보고 있던 중 때마침 벌어진 식민지 엘리트들의 갈등을 그냥 지나칠 리가 없었다. 일제의 입장에선 원인이 무엇이든 간에 트집 잡기에 좋은 소동이었고, 길들이기에 적합한 기회였다. 1939년 말, 주영섭·박동근·마영왕·이서향 등이 좌익 사상 고취라는 명목으로 체포되었다. 일본 경찰

▲파놉티콘
*원형감옥. 최소한의 감시자가 많은 수감자를 감시할 수 있도록 설계되었다.
**1938년 극예술연구회 회원들이 설립한 극단.

들은 도쿄학생예술좌 출신 배우들이 극연좌를 통해 민족 운동을 하는 것 아니냐고 추궁했다.

　　이해랑·유치진·김동원 등도 종로경찰서로 끌려와 40일간 구금을 당했다. 마르크스의 '마'자도 모르는 유학생들조차 모두 좌익사상가들로 몰렸다. '춘향전'과 같은 전통극마저 그 의도를 의심받았다. 사또에게 대항하는 춘향의 모습을 강조함으로써 관객들에게 공권력에 대한 저항을 선동하고자 한 것 아니냐는 식이었다. 다행스럽게도 이해랑과 김동원 등은 학생 신분이었기 때문에 집행유예로 풀려났다. 하지만 이 사건으로 인해 극연좌는 강제로 해산됐다. 이해랑도 도쿄로 돌아가 도쿄학생예술좌의 해체 작업을 시작했다. 자신을 키워준 둥지를 제 손으로 없애야 했던 그의 심정은 참담했지만, 단원들의 안전이 가장 우선이었다. 그 무엇도 안전하지 않았다.

죽어도 연극을 해야겠다

도쿄학생예술좌의 해체 후 이해랑은 조용히 대학을 마치고 귀국했다. 돌아온 조선에서 이해랑은 연극 활동에 대한 거센 반대를 두 번이나 맞닥뜨리게 된다. 조부나 부친은 아니다. 이들의 반대는 너무나 당연해서 다른 기대는 할 필요조차 없었다. 이해랑의 연극 활동을 반대하고 나선 이들은 우선 야마토주쿠大和塾였다.

야마토주쿠란 일제 식민지 지배 도구 중 하나로써, 식민지 출신 사상범의 보호 및 관찰, 집단 수용을 통해 조선의 황국화를 실현하는 단체였다. 즉 일종의 교화소로서 그들은 식민지의 불온 분자들을 면담하여 친일파로 만들면 좋고, 그게 아니더라도 다른 생각을 품지 못하도록 억누르면 좋다는 입장이었다. 이해랑도 구금되었던 이력 때문에 야마토주쿠의 감시

목록에 있었다. 이해랑이야 이제 막 대학을 졸업한 사회인이었을 뿐이지만 목록에 있는 이름들은 면면이 화려했다. 야마토주쿠를 처음 찾은 날, 이해랑은 그곳이 마치 우리나라 명사名士들의 전시장 같았다고 한다.

야마토주쿠는 윽박과 협박, 고문으로 취조하는 경찰들과 달리 대화로 조선인들을 상대했다. 물론 원하는 답이 정해져 있다는 것은 마찬가지지만. 그들은 불러낸 조선인들의 사상을 이리저리 검증하면서 별문제 일으키지 않을만한 일자리로 그들을 배치했다. 야마토주쿠가 소개하는 일자리는 꽤 안정적이어서 면담자들을 생활에 안주하게 할 정도는 되었다. 설득과 협박, 당근과 채찍의 교묘한 조화랄까. 교화원들이 달변인 만큼 교화소를 찾은 조선인들은 마치 자의적으로 선택한 모양새가 되어 각자의 일자리로 떠났다.

불행인지 다행인지 야마토주쿠 덕분에, 이해랑의 동료들도 대학 졸업 후 곧바로 취직을 하게 되었다. 박동근은 영등포구청으로 갔고 김동원은 경방*의 직원이 되었다. 이해랑에게도 몹시 안정적인 직장이 배정될 예정이었다. 그와 절친인 김동원과 묶어서 함께 경방을 보내려는 심산이었다. 그렇다면 감시 역시 수월해질테니까.

*1919년 김성수에 의해 설립된
최초의 근대식 면방직회사.

하지만 이해랑을 맡은 교화원만큼은 뜻을 이루지 못했다. 새파랗게 어린 조선왕가 출신의 젊은이가 버티기 시작한 것이다. 교화원은 연극을 해봐야 벌이도 시원찮고 자네 집에서도 싫어하시지 않느냐, 안정적인 회사를 다니며 성실하게 지내보는 게 어떻겠냐고 설득했다. 이에 맞서는 이해랑의 논리는 이랬다. 나는 연극만 배운 몸이라 다른 일은 할 줄도 모른다, 이런 상태로 출근을 해봐야 나도 일을 할 수가 없고 회사에도 피해를 주지 않느냐, 나는 연극을 하는게 맞다.

교화원에게 이해랑은 빈틈없이 그물 수비를 선보이는 축구팀처럼 보였다. 일본인 교화원은 논리를 드리블 할 공간을 찾아 헤맸으나 오리무중이었다. 야마토주쿠로선 교체 선수를 투입할 타이밍이었다. 야마토주쿠는 교화원이었던 한학수를 내보냈다. 한학수가 이해랑을 맡게 된 데에는 다 이유가 있었다. 그는 당시 한청빌딩을 소유한 갑부로, 연극과 영화에 지대한 관심을 가진 사람이었다. 그는 마침 불광동 근처에 우牛시장을 갖고 있었는데, 이 우시장의 주막 한 곳이 연극단용으로 쓰이고 있었다. 연극단체 고협高協이 탄생한 곳이다. 『삼국지』에서 조조나 제갈량이 군대가 농사를 지으며 훈련하는 식량자급자족제를 실시한 것처럼 고협도 그런 '연극판 둔전제屯田制'

를 실시한 극단이다. 고협은 경기도 고양군 은평면에 극단촌을 형성하여 생활과 예술제작을 일원화시킨 단체로, 연극뿐 아니라 영화까지 극예술을 활발히 제작했으며 꽤 인기가 있어 만주나 간도까지도 순회공연을 나가는 극단이었다.

한학수와의 대화 끝에 이해랑은 고협의 신입 단원이 되었다. 유혹도 협박도 통하지 않는 이해랑을 고협에 배치한 것은 차선책이었으나, 고협이 한학수와 깊은 관련을 맺고 있는 만큼 일종의 어용극단이기도 했기 때문에 이해랑과 같은 구금 경력자를 감시하기에도 나쁘진 않았다. 그런 탓에 이해랑 역시 고협이 매우 끌리는 선택지는 아니었지만 야마토주쿠 감시대상 목록에 오른 처지에서 연극을 할 수 있는 유일한 활로이기도 했다. 그렇다고 고협이 연극에만 몰두할 수 있는 환경도 아니었다. 대학생들끼리 의기투합했던 도쿄학생예술좌와 달리 고협은 새내기 사회인의 첫 직장이나 다름없었고 지금까지 만나보지 못한 다양한 유형의 사람들이 뒤섞인 작은 사회였다. 유학파 출신이었던 그에 대한 선배들의 텃세는 몹시 심했다. 딱히 배역이 주어진 적도 몹시 드물거니와 겨우 얻은 배역도 선배에게 빼앗기기 일쑤였다.

이렇듯 고협에서는 억울한 일이 많았지만 이해랑은 어

디에서든 배울만한 것이라면 태도를 바꿔 배워가는 사람이었다. 프로페셔널한 공연기획이 특히 그랬다. 프로의 연극이란 때론 힘든 상황에서도 공연을 끝까지 실행해야 하는 법이다. 그는 고협의 연출가가 실력과 성향이 전부 다른 배우들을 어떻게 다독이고 다그치면서 공연까지 끌고 가는지 관찰할 수 있었다. 이는 학생 아마추어 극단이었던 도쿄학생예술좌에선 볼 수 없었던 모습이었다. 뿐만 아니라 프로 연극단은 생계를 위해 연기하는 곳이므로 연기와 생활을 양립시키고자 하는 극단의 노력도 엿볼 수 있었다. 연기는 물론이요, 때론 단원들의 생계 문제까지 고민하고, 함께 해결하고자 애쓰는 단장의 모습을 보면서 이해랑은 깊은 인상을 받았다. 이후 그는 자신의 자리를 포기하면서까지 동고동락한 배우들을 보호하고자 여러 번 애쓰게 되는데, 이는 그의 타고난 품격 때문이기도 했지만 고협에서 배운 리더로서의 태도이기도 했다.

이해랑은 고협이란 프로 극단이 홍보와 일처리를 얼마나 철저하게 수행하는지도 배웠다. 그가 가장 강한 인상을 받은 것은 1940년 부민관에 올린 고협의 '춘향전' 공연이다. 고협은 공연에 앞서 춘향전 전람회를 기획, 개최하였다. 일종의 공연 홍보격 전람회지만 그렇다고 내용이 부실하지는 않았다. 당대 전문가들을 초청하여 충실히 고증된 춘향전 시대의 복식, 소도구, 음악 등을 전시한 장이었다. 전문성을 갖춘 행사를 통해 공연을 홍보하며 이를 극단 수익 창출로 연결시키는 고협의 운영 방식은 아직 아마추어 때를 벗지 못한 이해랑에겐 매우 새롭고 유익한 것이었다.

이렇듯 그는 고협에서 프로 극단의 운영 방식을 배웠을 뿐 아니라 연기자로서도 일취월장하였다. 1940년 9월에는 '무영탑'에서 아사달을 맡아 연기하여 평론가 이광주에게 유망한 신인이라는 호평을 받았고, 이듬해 3월엔 '마의 태자'에서 조역 이종자를 맡아 호연을 펼침으로써 '지성파 배우'라는 극찬을 들었다. 고협에서는 든든한 동료도 얻었다. 훗날 연극계의 극심한 이념 대립 속에 다른 길을 가게 되는 천재 극작가 함세덕(1915~1950)과의 조우도 이때의 일이다. 이해랑은 인기배우 심영의 대역을 맡는 일도 많았는데, 이는 매우 유익한 훈련이 되었다. 잦은 순회공연 속에 심영의 목이 자주 쉬었기 때문에 자연스레 이해랑이 무대에 서는 일도 많아졌다.

집안의 반대와 일제의 회유 속에서 어쩔 수 없이 시작한 고협 생활이지만, 이해랑은 이 시기를 거쳐 배우, 무엇보다 전문 연극인으로 큰 성장을 이루었다. 이 시기의 이해랑은 연극인으로서의 기량뿐 아니라 사랑을 키워나가던 시기이기도 했다. 일생의 짝이 될 김인순과 애정의 싹을 틔운 시기도 바로 이때였다. 하지만 야마토주쿠에 이어 그의 연극 활동에 대한 두 번째 반대 역시 맞닥뜨리게 되었다. 연인에 대한 사랑과 연극에 대한 사랑은 예상외로 양립이 어려웠다.

사랑이냐,
연극이냐

김인순과 이해랑의 인연은 도쿄 유학시절로 거슬러 올라간다. 김인순은 도쿄에서 의상학을 공부한 엘리트 여학생으로 도쿄학생예술좌의 공연 때 의상을 담당하며 이해랑과 안면을 텄다. 유학생 시절 둘은 서로 호감은 있지만 아주 뜨거운 관계는 아니었던 모양으로 수줍은 나이답게 적극성 부족으로 서먹하게만 지내다가 도쿄학생예술좌가 해체되자 멀어진 상태였다. 두 사람은 귀국 후 경성에서 재회하면서 서로 솔직한 애정을 표현해 나갔다.

　　서로에 대한 마음은 날로 커 갔지만 연극이 문제였다. 김인순이 연극을 좋아하는 편은 아니었기 때문이다. 김인순 역시 유학을 다녀올 만큼 양반집 딸이었기에 연인이자 신랑감이 배우라는 게 영 마음에 들지 않았다. 도쿄학생예술좌의 공연에 참여한 것도 머나먼 이국땅에서 조국 학생들과 함께하는 것에 더 큰 의의가 있었을 뿐이었다. 따라서 김인순은 연극을 그만두었으면 하는 바람을 몇 번씩 넌지시 내비치기도 하였다.

배우가 남편 혹은 사윗감으로 기피된 건 김인순과 그의 가족만이 아니었다. 아직 중매 결혼이 일반적인 시절이었다. 이해랑 같은 양반집 자제라면 더욱 그랬고, 혼처 역시 만만찮은 집안이어야 했다. 조부와 부친도 해랑의 혼처를 이곳저곳 수색해 보았지만 상대가 모조리 퇴짜를 놓았다. 손주 장가보내려다 왕족 후예로서의 자부심에 상처만 늘어갔다. 이게 전부 다 이해랑이 '광대'였기 때문이었다.

김인순의 집안에서도 이해랑은 눈에 차지 않는 상대였다. 왕족 가문이면 뭐하겠는가. 정작 사위가 광대라면 말이다. 김인순의 본가가 의주義州 지역 양반이자 대지주였기에 유학까지 다녀온 귀한 딸과 맺어지려면 마땅히 자랑스러운 직업을 가진 사람이어야만 했다. 이 결혼은 처음부터 어려운 일이었는지, 이해랑 집안에서도 김인순 가문과의 통혼通婚*이 성에 차지 않았다. 한양 한복판 왕족의 시선으로 보기에 평안도 의주는 지나치게 변방이었다. 김인순의 집안도 만만찮은 곳이었음에도 말이다.

*통혼 : 혼인할 의사를 전하는 것.

결국 양가의 반대로 혼담은 무산되었다. 김인순은 충격 속에 잠시 이해랑과 헤어져 지내게 되었다. 혼자 남은 이해랑 역시 고협 단원으로 훈련하고 공연하며 괴로움을 잊고자 했다. 하지만 마음 속 한구석에 회의감이 일었다. 야마토주쿠의 관찰대상인 만큼 고협은 안정적으로 연극을 할 만한 극단임은 알고 있었지만, 반쯤은 일제의 어용극단이나 다름없었기에 이해랑은 이 점이 무척 괴로웠다. 이런 연극 외부의 사정과 더불어 예술적인 이유로도 고협은 사실 이해랑에게 적당치 않았다. 프로극단으로서 고협은 관객들의 취향과 흥미에 맞춘 공연을 하다보니 신파극을 자주 올렸다. 평생 신파극을 기피하고 반대해 온 만큼 배우 이해랑에게 고협은 자신과 어울리는 무대가 아니었다. 거기에 선배들의 텃세도 여전했으니 이해랑의 마음은 서서히 고협을 떠나고 있었다. 입단 2년차가 되던 해 이해랑은 고협에 작별을 고했다. 마침 일제가 국민 연극을 국책으로 시행함으로써 친일극이 여름철 모기마냥 기승을 부렸기에 이해랑이 더는 버티지 못한 것이다.

　　이때 유치진의 주도로 현대극장이 창단되었다. 시기가 시기이니만큼 현대극장 역시 어용극단이 아닐 수 없었다. 하지만 현실적으로 조선의 신극이 명맥을 이어갈 수 있는 유일한

유치진(1905~1974). 우리나라 연극 발전에 큰 공을 세운 극작가이자 연출가지만, 그의 삶과 연극을 평가할 때 피해갈 수 없는 가장 큰 논란은 친일 행적이다.

통로였기에 적지 않은 연극인이 가입하였다. 유치진은 연극 후배이자 유망한 배우로 떠오른 이해랑에게도 가입을 요청했다. 하지만 이해랑은 현대극장에서의 활동을 외면했다. 친일극을 할 수 없다는 것이 첫 번째 이유였다. 두 번째 이유는 김인순에 대한 애정이다. 김인순만큼이나 그도 결혼을 원했다. 연극을 그만두었으면 한다는 연인의 부탁, 혼인을 위해서는 배우를 포기하라는 처가의 요구를 도저히 거부할 수 없었다. 이해랑의 집안에서는 김인순의 집안이 변방이라며 흡족치 않았지만, 그들이 연극을 포기하라는 조건을 걸자 내심 쌍수를 들어 환영했다. 안 그래도 연극을 그만두게 했으면 하는 마음이 굴뚝같았던 터라 예비 사돈이 아주 적절하고도 확실한 방법으로 그 숙원을 이뤄준 것이다.

이해랑이 연극을 포기하자 혼담은 급물살을 탔다. 1941년 태화원泰和院 강당(지금의 종로경찰서 자리)에서 이해'랑'과 김인순의 결혼식이 성대하게 열렸다. 이해랑의 집안이 집안이니만큼 박수치던 하객들 중에는 명사도 적지 않았다. 축의금은 두둑했으며 위세 좋은 처가에서는 둘을 위해 돈암동에 기와집 한 채를 마련해 주었다. 본래 전통적인 희극에서 마지막 장면은 결혼식이 차지하는 경우가 많다. 결혼은 새로운 미래를 향한 화합을 상징하는 축제이기 때문이다. 하지만 실제 삶은 '그 후로 둘은 오래오래 행복하게 살았답니다'와는 다른 법이다. 결혼식이 이야기의 중간에 있으면 그것은 코미디일 수가 없다.

우선 결혼하면 연극을 그만두겠다던 약속부터 깨졌다. 이해랑으로선 연극에 대한 사랑과 열정을 단번에 포기하기가 어려웠을 것이다. 더구나 집단 예술 창작 행위인 연극을 그만두는 일은 사표를 던지고 회사를 나오는 일처럼 깔끔하게 마무리되기도 어렵다. 그는 활동은 하지 않았어도 유치진의 설득으로 인해 현대극장 창립단원으로 이름을 올리고 있었다. 더구나 혼담이 본격적으로 오가기 전부터 현대극장 제2회 공연에서 주연을 맡기로 되어 있었다. 고협에서는 주연으로 무대에 설 기회도 적지 않았던가. 그리고 고협을 떠난 뒤 무대에 대한 갈증도 갈수록 극심해지고 때라 연극 무대와 주연 배역이라는 유혹은 너무도 강렬했다.

이해랑은 아내에게 사정하여 다시 무대에 섰다. 혼담 이전에 있었던 약속이고 여러 사람의 일이 걸려 있으므로 김인순도 허락하였다. 이해랑은 모처럼 연극 무대에서 그간의 갈증을 해소할 수 있었다. 첫 공연이 시작되었고 김인순도 남편이 주연으로 나선 공연을 보기 위해 극장을 찾았다. 하지만 이 공연으로 인해 이해랑은 아내의 강렬한 분노를 경험하게 된다.

현대극장 제2회 공연작은 '흑경정'(1941)으로, 프랑스 작가 파뇰의 '마리우스'를 함세덕이 솜씨 좋게 번안했다. 그런데 작품의 한 장면, 남녀 주인공이 하룻밤을 보내는 장면이 문제였다. 물론 현대 영화의 베드씬과 달리 둘의 하룻밤은 암시적으로 표현될 뿐 선정적인 장면은 전혀 나오지 않았다. 더욱이, 배우와 배역은 당연히 다른 사람이다. 로버트 다우니 주니어가 아이언맨으로 실제 변신을 할 리도 없고 햄릿은 누가 맡아도 햄릿이다. 이해랑이 맡은 배역이 여인을 사랑했다고 하여 그가 상대 여배우를 사랑하게 되는 것도 당연히 아니다. 하지만 아직 보수적이고 유교적인 사고방식이 당연한 시기였던 만큼 김인순은 남편이 다른 여자와 관계를 맺었다는 식의 전개에 모욕감을 느꼈다. 아내는 전에 없이 단호하게 연극을 끊으라고 요구했다. 처가와의 약속을 사실 일방적으로 깬 데다 아내의 얼굴에 화가 가득하니 이번엔 어쩔 수 없었다.

이 공연은 이해랑에게 은퇴무대가 되었다. 하지만 그동안 연극 말고는 배운 일이 없으니 먹고 살 일이 막막하였다. 더구나 지금은 가장이 아닌가. 약속을 지키는 것과 별개로 일상을 지탱하는 일은 버겁게만 느껴졌다. 이때 아내가 나섰다. 김인순은 집안의 반대로 혼사가 난항에 부딪힌 사이 화신백화점에서 일한 경력도 있었다. 그녀는 지참금을 털어 종각 뒤편에 '땀뽀뿜' 양장점의 매장을 얻고, 이해랑도 점포에 매일 같이 출석 도장을 찍으며 내부수리를 감독하는 등 충실한 남편으로 지냈다.

　　이해랑이 모처럼 흡족한 남편감이 되려는 찰나, 동료가 나타나 아내의 행복을 앗아버렸다. 한창 공사 중인 가게에 유치진이 찾아왔다. 현대극장이 곧 순회공연을 떠나는데 창립단원이자 주연 배우인 이해랑이 없어서야 되겠느냐는 것이다. 현대극장으로서는 사활이 걸린 공연이었기에 유치진도 절박했다. 존경하는 형님이 극단의 존립을 말하며 간곡히 부탁하자 이해랑도 그 요구를 뿌리치기가 도저히 어려웠다. 아내의 실망과 한창 공사 중인 점포를 뒤로 한 채 유치진을 따라 나섰다.

　　순회공연은 한겨울이었다. 공사 중인 점포와 아내의 얼굴이 자꾸만 마음에 밟혔다. 공연 기간 내내 아내의 시선이 뒤통수에 꽂히는 듯했다. 북쪽 지방과 만주를 순회하는 동안 몹시 춥기도 했지만 공연마저 엉망이었다. 이해랑이 주연한 '흑경정'은 그럭저럭 관객들을 만족시켰으나 일제를 찬양하는 색채가 아주 진했던 '흑룡강'은 일제를 피해 만주까지 이주한 동포들에게 호응은커녕 분노만 일으킬 뿐이었다.

엉망진창으로 순회공연이 끝나고 경성으로 돌아오니 많은 것이 망가져 있었다. 양장점은 아직도 미완이었고 남편 없이 추운 겨울 공사감독을 도맡던 아내는 과로 끝에 유산을 하고 말았다. 이해랑은 약속을 재차 어긴 데다 중요한 때 아내 곁에 없었다는 죄의식을 느꼈다. 더구나 공연이 실패하는 바람에 출연료 한 푼 받지 못해 집에 금전적 보탬조차 되지 못했다. 면목이 있을 리가 없었다.

아내에 대한 미안함 외에도 그는 작금의 상황에서 연극을 한다는 사실에 괴로움을 느꼈다. 일제강점기, 그것도 전시상황이라는 거친 시국이 연극의 길을 자꾸만 왜곡시켰기 때문이다. 모든 연극인을 어용단체인 조선연극협회 속에 몰아넣은 일제는 점차 그 본성을 드러내 연극을 전쟁 수행의 도구로 쓰고 있었다. 친일극 아니면 신파극 외에는 무대에 설 수 없는 상황에서 그가 꿈꾸는 진실된 리얼리즘은 머물 곳이 없었다. 결국 현대극장의 '흑경정'을 끝으로 이해랑은 연극계를 떠나기로 했다.

그는 당장 유치진을 찾아가 연극을 그만두겠다고 했다.

유치진은 당연히 펄쩍 뛰며 만류했다. 이해랑만한 지식과 실력을 갖춘 배우를 또 구하기도 어렵거니와 그의 실력이 너무 아까웠다. 하지만 이번 만큼은 이해랑도 확고했다. 수치스러운 친일 무대를 뒤로하고 충실한 남편이 되기로 했다.

여러 곡절 끝에 담뽀뽐 양장점이 개업했다. 그러나 그 점포에 이해랑의 배역이 있을 리가 없었다. 그는 사업에 대해서도 양장에 대해서도 아는 바가 없으니까 말이다. 점포를 경영하고 옷을 재단하는 일은 김인순의 몫이었다. 이해랑은 그저 매장을 지키고 앉아 낮에는 연극 서적이나 소설 등을 읽거나 가게 앞 카페에 들락날락하며 친구들과 시간을 보냈다.

사장님 아내를 두고 카페를 들락거리며 친구를 만나고 독서에 실컷 빠져도 괜찮다니 모든 남자들의 꿈을 그가 이뤄낸 것으로 오해할지도 모르겠다. 하지만 그 생활이 그리 넉넉하고 자유로울 리 만무했다. 이해랑에겐 벌이도 없었거니와 앞선 여러 가지 일들로 인해 체면도 말이 아닌 상황이었고 경제권도 아내에게 있었다. 김인순은 커피값, 이발비, 책값은 그때그때 주었지만 술값 요구만큼은 단호히 거절했다. 하릴없이 몰래 조금씩 술을 마시거나, 카페에 앉아 시간을 보내거나, 고궁이나 공원을 산책하며 보내는 답답한 하루하루가 이어졌다.

명동 양장점 앞을 지나는
여자아이의 모습.
故한영수 사진작가의
'서울 모던 타임스'에서.

그 와중에도 책은 손에서 놓지 않으며 적잖은 지식과 교양을 쌓았다. 하지만 작가가 될 계획이 아닌 이상에야 평생 이렇게만 살 수는 없었다. 무엇보다 연극이 너무 하고 싶었다. 그러나 배우인 남편 때문에 몸과 마음을 상했던 아내 앞에서 그런 말을 할 수는 없었다. 그리고 일제강점기 말기엔 사상적 억압에 심해지면서 시국은 연극을 하기에도 정말 혹독했다. 이해랑이 완독한 책이 늘어나는 사이 김인순의 시름도 깊어가고 있었다. 1940년대의 시국은 연극뿐 아니라 양장점 운영에도 적합지 않았기 때문이다.

3장

연극이
연극의 길을
가게 하여라

휴가 중
찾아온 광복

이해랑이 경영권 없는 사장님으로 공원과 카페를 오가는 사이 담뽀뽐 양장점은 비틀거리고 있었다. 김인순의 실력에는 아무 문제가 없었지만 2차 세계대전의 영향이 조선에도 미치기 시작했다. 1941년 12월 일본이 진주만을 기습하여 태평양 전쟁이 시작되었고 식민지 조선 역시 전시 체제에 돌입했다. 우선 난리가 났으니 소비심리도 크게 위축 되었고 물자도 원활히 공급받기 어려웠다. 담뽀뽐 양장점의 주요 보급품인 옷감도 그중 하나였다.

다행스럽게도 마침 양장점을 사겠다는 사람이 나왔다. 이해랑은 아내를 열렬히 설득해 거래를 성사시켰다. 허울뿐인 사장님 생활을 끝내고 가장의 전선에 나설 절호의 기회였다. 양장점이 잘되고 있었다 해도 이해랑은 계속된 룸펜 생활을 버티기 어려웠을 것이다. 양장점 판매 대금인 2만원은 당시엔 대단한 거금이었다. 부부는 한동안 이 돈을 생활비로 조금씩 나눠 쓰며 혹독한 시기를 버텼다. 그 시절 장남 이방주가 태어났다. 입이 하나 늘어났으니 이해랑 부부로서도 수입 없이 계속 저금을 헐어 지낼 수는 없는 노릇이었다.

이해랑은 취업을 해 가족의 생계를 잇기로 했다. 연극을 그만둔 지는 2년이 되었다. 하지만 그렇다고 그가 따로 취업 역량을 기른 것은 아니었고 산책과 독서로 소일했을 뿐이었다. 여전히 그가 할 줄 아는 일은 연극 하나였다. 하지만 그렇다고 극단의 문을 두드리지는 못했다. 연극을 한다고 해서 가족들이 편안해질 만큼의 돈을 벌 수도 없었고 그보다도 아내와의 약속이 워낙 소중했다.

이해랑이 연극으로 곧바로 복귀하지 않은 데는 가족 문제 외에도 연극계를 둘러싼 창작 환경에도 큰 이유가 있었다. 태평양 전쟁과 함께 일제의 사상적 억압은 전에 없이 극심해지고 있었다. 감시와 검열이 일상화된 체제였지만 전시 체제의 압박은 차원이 달랐다. 한국어로 된 신문과 잡지는 남김없이 폐간되었다. 문화말살 정책은 문학, 연극, 무용할 것 없이 전방위적으로 행해졌다. 극장에서는 친일 목적극과 저질 신파 악극을 빼면 상연조차 불가능했다. 이와 같은 상황에서 극단 문을 두드린들 이해랑은 그토록 증오했던 친일극이나 신파극 무대에 서야 할 판이었다. 젊은 혈기로 연극을 서투르게 익혀가던 순간부터 연극은 오롯이 진실된 삶을 그려야 한다고 부르짖던 그였다. 태평양 전쟁과 이해랑의 연극은 양립할 수가 없었다. 그는 다른 직업을 찾아야 했다.

이해랑은 할 수 없이 다시 야마토주쿠로 발걸음을 옮겼다. 죽어도 연극을 해야겠다던 이해랑이 다시 일자리를 물어오자 야마토주쿠도 반기듯 일자리를 찾아주었다. 이해랑은 용산에 있는 스토브 회사의 신입사원이 되었다. 지금이야 돈암동에서 용산까지 4호선 지하철로 30분 정도 거리에 불과하지만 당시의 교통사정으로는 먼 출퇴근 거리였다. 이해랑은 매일 두 시간씩 열차를 타고 출퇴근을 했다. 회사에 도착해도 낯설고 힘들며 재미도 없는 업무가 기다리고 있었지만 집에서 해맑게 웃는 아내와 아들의 미소를 보는 것만으로도 그 시절을 버티기엔 충분했다.

전쟁이라는 시국은 이 작은 행복마저도 박살내려 하고 있었다. 일제는 전쟁에서 패퇴를 거듭하며 1943년에는 결국 조선 청년들을 징병하기 시작했다. 조선 청년들은 남의 전쟁 때문에 끌려가 탄광 등에서 고된 노동 끝에 죽어갔다. 조선 여성들은 공장 직원이 되어야 했고 불행하게도 위안부로 끌려갔다. 이 와중에 이해랑에게도 징집영장이 날아들었다.

징집영장을 본 와룡동 본가에서는 난리가 났다. 왕가의 종손이었으니 어른들의 근심은 이만저만이 아니었다. 집안 어른들과 김인순은 처음으로 해랑의 연극 활동을 끊어버린 것을 후회했다. 연극협회 극단원이면 징집을 면제받을 수 있기 때문이었다. 여러 예술 중에서도 연극은 대중들 앞에서 일제 정권을 찬양하고 선전하기 요긴한 수단이었기에 일제는 예술인들을 징용에서 면제 해주는 정책을 시행하고 있었다. 이해랑은 식구들을 데리고 부산 아버지 댁으로 향했다. 부산 부의원인 아버지가 손을 써 주리라 기대한 것이다. 갑자기 가솔들을 데리고 나타난 아들과 그의 손에 들린 징용장을 보고 이근용은 무척 놀랐다. 곧바로 이리저리 수소문 끝에 경남우편국에 아들을 취직시켰다. 우체국 직원도 관리인 만큼 일단 징용에서 자유로울 수 있었다.

우체국은 스토브 회사와 마찬가지로 마지못해 다니는 곳이었다. 더구나 새롭게 배워서 할 일도 없었다. 근무라고 해봐야 우편물을 정리하거나 도장을 찍고 우표를 파는 정도였다.

그러나 징용을 면케 해준 것만으로도 감사한 마음이었다. 그리고 모처럼 아버지와 함께 생활하는 것은 의미가 있었다. 이해랑은 어린 시절부터 부친과 떨어져 지냈기에 부자간의 끈끈한 정을 만들 기회도 없었거니와, 연극을 시작한 후로 부자 관계는 아득히 멀어져 있었다. 두 부자는 혈육이면서도 정을 나눌 시간도, 상황도 아니었던 것이다.

역설적이게도 전쟁은 가족의 재화합을 도모하는 계기가 되었다. 두 부자는 모처럼 한 지붕 아래서 다시금 가족애를 되살렸다. 몸도 마음도 멀었던 부친과 계모는 어린 손자 방주의 재롱에 하루하루를 행복하게 보냈고, 그런 아버지와 아들을 보며 이해랑도 가족의 소중함을 새삼 다시 느꼈다.

전쟁은 작은 행복 하나라도 더 앗아가려고 애를 썼다. 일제가 패색이 짙음에도 항전을 계속하자 미군의 폭격은 날로 범위를 넓혔고, 부산까지 폭격되는 일이 발생하자 삼대가 모여 사는 집에도 난리가 났다. 이근용은 자신의 아들과 손자가 재차 폭격될 위험이 있는 부산에 있어서는 안 된다고 생각하고, 이해랑과 가족을 이해랑 처가가 있는 평안도 용천龍川으로 보냈다. 용천은 압록강 인근이니만큼 태평양 전쟁과도 동떨어져 있었기 때문이다. 하지만 이해랑은 스토브 회사에서

도망치듯 나온 데다 이제 모처럼 우체국 일을 하면서 가장 노릇을 해보려는 데 이를 관두고 처가살이를 시작하자니 거부감이 일었다. 이해랑은 가족의 안전이 우선이므로 아내와 아들을 먼저 용천으로 보냈다. 그리고 본인은 부산에 남아 계속 우체국 일을 했다. 하지만 아들 생각하는 아버지의 마음은 이근용도 마찬가지라 이해랑도 더는 부산에 남아있을 수 없었다. 전시 상황이라 우체국은 한 명의 직원도 아쉬운 판이었다. 하지만 이근용이 힘을 쓴 덕분에 이해랑은 경남우편국에서 휴가를 얻었다.

　이해랑은 내키지 않지만 용천행 기차에 올랐다. 정해진 일도 없이 처가에서 지낼 생각을 하니 생각만 해도 막막했다. 그런데 생각과 달리 처가에서의 생활은 그런 우려를 했다는 사실이 민망할 만큼 즐거웠다. 처가는 지방의 유력한 집안이었기에 생활하기에 풍족하고 쾌적했다. 집안에는 탁구나 농구 등을 즐길 수 있는 시설이 완비되어 있었고, 처남 둘과 함께 매일같이 스포츠를 즐겼다. 날이 따뜻하면 수영을 했다. 본래 경남우편국에서 받은 휴가는 일주일뿐이었지만 용천에서의 생활은 이를 훌쩍 넘겼다. 그러는 사이 어느 날 달력을 보니 1945년 8월 15일이었다.

진실한 연극이란 게 대체 뭐요?

광복은 그렇게 예고 없이 찾아왔다. 김인순은 해방이 되었다는 소식을 듣자마자 남편 등을 떠밀어 서울로 보냈다. 당신은 일본에서 대학까지 나온 몸이니 이제 서울에서 뭔가 할 일을 찾을 수 있지 않겠냐는 것이었다. 김인순은 다시금 이해랑에게 가장의 역할을 기대하고 있었다. 물론 그 '할 일'이란 게 연극이어선 안 된다는 말을 덧붙였다.

이해랑은 서울에 도착하자마자 와룡동을 찾아 조부모께 인사를 드리고는 부산으로 향했다. 아버지를 뵌 뒤 경남우편국에 들르자 상사는 휴가 기간을 한참 넘긴 것을 따져 물었다. 그러나 사표를 품고 온 이해랑의 귀에 들어올 리가 없었다. 애초에 징집을 피하기 위해 시작한 일일 뿐, 이해랑으로서는 뼈를 묻을 각오로 시작한 것도 아니기에 홀가분할 뿐이었다.

용천에서 서울로, 서울에서 부산으로, 부산에서 다시 서울로 돌아오는 부지런한 여로 끝에 정신을 차려보니 서울은 그야말로 혼란하기 짝이 없었다. 하지만 그 혼란 속에서도 홀로 지내면서 연극에 대한 열정이 다시금 되살아남을 느꼈다. 그러나 아직은 연극을 할 때가 아니었다. 연극으로는 아내와 자식을 보살피기엔 충분치 않음을 잘 알고 있었다. 거기에 용천을 떠날 무렵 아내는 둘째를 임신하고 있었다. 이해랑은 연극이 아닌 다른 일을 구하고자 마음 먹었다. 하지만 일제가 패망했으니 이제는 변변찮은 일자리나마 시원시원하게 내어줄 야마토주쿠가 존재하지 않아 난감할 따름이었다.

이해랑은 열심히 일자리를 찾으면서도 이제 조선 땅에 어떤 정부가 구성될 것인가를 관심있게 지켜보았다. 무정부 상태가 원만히 수습되어 한국인들의 온전한 정부가 들어섰다면, 많은 일자리도 생겨났을 것이다. 그랬다면 이해랑도 연극을 하지 않겠다던 아내와의 약속을 지킬 수 있었을지 모른다. 하지만 계속되는 혼란 속에 그럴듯한 일자리가 있을 리 만무했다. 그러는 사이 연극계의 동향은 이해랑으로 하여금 도저히 침묵을 지키고만 있을 수 없게끔 만들었다.

해방 직후, 서울엔 '조선연극건설본부'라는 단체가 발족

되었다. 이해랑의 친구였던 함세덕과 선배 이서향도 여기에 가담했다. 그런데 그 옆엔 친일극 선봉장들의 이름이 도열되어 있었다. 물론 일제 말기에 친일극을 하지 않고는 연극을 계속할 방법이 없었던 사정을 모르는 이해랑이 아니었다. 하지만 그들에게선 반성의 태도를 찾기 어려웠다. 유치진마저 친일극을 만든 일로 자숙하던 차였다. 그와는 달리 해방이 되자마자 제 세상이라는 듯 친일파들은 연일 연극판에 발자국을 찍어대자 이해랑은 도저히 참을 수가 없었다.

그는 조선연극건설본부의 사무실이 있는 종로 한청빌딩으로 달려갔다. 가서 보니 마침 일제 어용극의 연출가였던 안영일이 젊은 연극인들을 모아놓고 일장연설을 하고 있었다. 이제 해방도 되었으니 조선만의 진실한 연극운동이 필요하다는 내용이었다. 이해랑은 호통치듯 말했다.

"여보시오, 진실한 연극이란 게 도대체 뭐요. 좀 들어봅시다. 내가 생각하기에는 앞으로 진정한 연극을 수립하기 위해서는 당신들 같은 친일 연극인이 없어져야 하는데, 대답을 해보시오."[11]

당연히 강연장은 아수라장이 되었다. 이는 이해랑이 좌익 연극인들과 분명히 선을 그은 첫 사건으로 기억되었다. 사실 이해랑은 그동안 좌익과 우익 중 어느 쪽에도 연을 대지 않았다. 훗날 그는 우익 연극의 대표주자로 설명되지만 그의 연극이 우익적 성향 분명히 드러내진 않았다. 그보다는 이해랑이 좌익의 연극이란 지독하게 감상적이고 연설적이어서 연극의 본질을 망친다고 생각하고 있었고, 이에 반대하는 목소리를 연일 내다보니 그를 우익으로 평가하지 않았을까.

청자를 설득하기 위해서는 논리적인 것도 중요하지만 누가 이야기하느냐의 문제는 매우 중요하다. 한청빌딩에서의 일갈은 이해랑이기에 가능했다. 일제 말기 연극인 중 친일극을 거부하고 연극판을 떠났던 이들은 이해랑을 제외하곤 몇 있지도 않았다. 친일극과 어용극의 전성기에 고협과 현대극장의 무대를 떠나 있었던 이해랑은 그 누구보다도 도덕적 우위에 있었고 그의 일갈은 젊은 연극인들에게 설득력이 있었다. 이 사건으로 인해 연극계는 다시금 이해랑을 주목하게 되었다.

그렇다고 친일 연극인들의 기세가 꺾이지는 않았다. 친일 경력의 연극인들을 중심으로 한 좌익 연극계는 날로 성장하고 있었다. 기선을 빼앗겨선 안되겠다고 생각한 이해랑은 이에 대항하기 위하여 동료들을 모았다. 1945년 11월 5일 황철·함세덕·이해랑·김선영·서일성 등이 낙랑극회를 출범시켰다. 물론 다소 급조된 감이 없지 않은 단체였다. 그러나 우리 연극이 이념에 침몰되지 않고 순수한 연극으로 성장해야 한다는 목표만큼은 뚜렷했다. 그러나 급히 출발한 만큼 당장 무대에 올릴 작품이 없었다. 조직원 중 극작가는 함세덕뿐이라 레퍼토리의 확보 역시 그의 몫이었다. 하지만 함세덕의 극작 재능은 역시 천재적이었다. 그는 쉴러의 '군도'를 한국의 무대에 알맞도록 손질하여 며칠 만에 '산적'으로 번안 해왔다. 이해랑은 이에 힘을 얻고 동료들과 함께 다시 구슬땀을 흘렸다. 3년간의 공백을 딛고, 한국 연극의 거인이 다시 뛰는 순간이었다.

신파를
거부한다

한청빌딩 사건과 낙랑극회 설립을 계기로 이해랑은 다시 연극계에 돌아왔고, 좌우를 막론하고 그를 주목할 수밖에 없었다. 특히 우익 연극인들은 이해랑이 반가웠다. 친일 경력이 없기에 도덕적으로 우월했던 이해랑이 좌익 연극계와 대립하는 태도를 보이자 소수였던 우익으로선 기꺼울 수밖에 없었다. 왕족의 자손이자 부잣집 아들이었던 이해랑은 태생적으로 좌익 사상과 거리를 둘 수밖에 없었을지도 모른다. 그렇다 해도 이해랑이 우파적 사상에 경도되어 좌익과 대립한 것은 아니다. 무엇보다 '좌익 연극'에 대항하는 수단이라면 무릇 '우익 연극'이란 게 존재해야 하건만, 이는 실체도 모호했다.

이해랑이 과거 동료였던 좌익 연극계와의 싸움에 나선 첫 번째 이유는 바로 그들의 친일 행적 때문이었다. 극심한 검열 속에서 친일극을 하지 않으면 연극인생은 물론 어떤 경우엔 목숨마저 위험한 시대상을 살았던 동료들을 이해하지 못한 바는 아니었으나, 해방이 되자마자 조금의 반성도 없이 다시 앞에 나선 친일 연극인들에 대한 분노였다.

이해랑이 좌익 연극계와 대립한 두 번째이자 더 결정적인 이유는 바로 연극 내적인 논리 때문이었다. 이해랑은 연극의 초짜였던 시절부터 신파극에 대해서는 줄기차게 거부반응을 보였다. 물론 그도 졸업 후 귀국하여 고협에서 연기한 시간이 있었고, 고협은 프로 극단으로서 대중들의 입맛에 맞는 신파극도 여럿 올렸던 것이 사실이다. 그렇다 해도 이는 어디까지나 야마토주쿠의 회유 안에서 연극을 할 수 있는 유일한 통로였기 때문이었다. 실제로 그가 연극을 떠난 계기로는 아내의 부탁이 가장 결정적이었으나, 친일극과 신파극 밖에 남아있지 않은 조선의 연극 현실 역시 무시할 수 없는 원인이었다.

이해랑이 신파극을 싫어한 이유는 단순히 지나친 대중성 때문만은 아니다. 훌륭한 연극이 흥행력까지 갖추었다면 싫어할 이유가 없다. 이해랑이 보았을 때 신파극은 연극의 진실성을 실종한 채 개연성이 부족한 과잉의 기법으로 구성된 연극이었다. 실제로 신파극 배우들은 공연 중 불현 듯 객석을 바라

보며 음성과 동작 그리고 동선 등을 무척 과장하면서 관객의 감정에 호소하는 듯한 연기를 종종 선보였다. 이해랑이 보기에 그들은 연기를 연설의 수단으로 활용하는 것에 불과했다. 이해랑이 보기엔 신파극의 배우들은 연기를 예술이 아닌 연설의 수단으로 활용하는 것에 불과했다.

그들은 신파적인 억양으로 공산주의 이념을 무대에서 울부짖고 큰소리로 외치며 관객을 선동하는 것이 곧 진정한 연극으로 알았다.[12] 이해랑이 좌익과 대립했던 가장 큰 이유도 여기에 있다. 비장한 선동적 연설을 앞세운 연기는 자신들의 사상을 전파하는 데 열심이었던 좌익 연극의 주요 전략이었기 때문이다. 좌익 연극은 '고민하는 인물'이나 '깊이 있는 삶'을 보여주는 것이 아니라 관객에게 이념을 가르치고 선동하려는 지극히 선민적인 태도를 보였다. 좌익 연극이 장악한 무대는 삶의 리얼리즘을 거세당한 채 정치구호의 선전장으로 침몰하고 있었다.

이해랑은 신파극을 무기 삼은 좌익이 한국 연극의 심각한 질적 하락을 초래할 것을 우려했다. 그는 훗날 김사량의 '호접'이 흥행에서 참패한 원인 역시 극단과 관객의 수준이 낮았기 때문에, 즉 "신파에 오염됐던 풍토가 이처럼 수준 높은 무대를 감당할 수가 없었던 것"이라고 보았다. 연극답지 않은 공연이 연이어 연극계를 장악하면서 정통 연극이 설만한 환경 자체가 없어졌다는 것이다. 따라서 그는 세계일보의 칼럼에도 다음과 같이 남겼다.

"신파 연극처럼 인생을 가장하여 희롱하는 것만이 연극이 아닌 것을 깨닫게 되었다. 어두침침한 무대에는 우리의 현실보다도 더 심각하고 핍박한 환경 속에서 허우적거리는 진실한 인생이 살고 있었다."[13]

해방 직후 한국 땅에서의 이념 대립은 일상적이었고, 연극계 역시 마찬가지였다. 하지만 숫자에서 우세했던 좌익 연극인들은 그 색을 드러내고 활동하는 데 주저함이 없었다. 좌익계에는 조선연극동맹이 결성되면서 '일본 제국주의 잔재 소탕', '봉건적 유제의 청소', '국수주의 배격', '진보적 조선 연극 수립' 등을 슬로건으로 내걸었다. 곧이어 3·1운동 기념 연극대회를 개최했다. 이때까지만 해도 좌익 연극운동이 그래도 극장 안에서의 온건한 방식으로 운영되었고, 3·1운동은 이념과 상관없이 한국인이라면 모두가 기념할 수 있었기 때문에 낙랑극회

뿐 아니라 좌익 색이 없던 단체들 다수도 대회에 참여하였다.

이해랑이 다시 연극에 열을 올리는 사이 시국은 더욱 복잡해지고 있었다. 이전까지 한반도의 왕래는 자유로웠으나 38선에 갈수록 군인들이 많아지고 통행도 제한되었다. 이해랑은 처가에 두고 온 아내와 자녀들을 어서 집에 데려오려 했다. 다시 연극을 시작하면서 가족들이 은근히 처가에 계속 머무르기를 하는 바람도 있었다. 용천의 처가는 모든 것이 풍족했기에 서울의 혼란이 진정될 때까지는 아내와 자녀들이 그곳에 있는 게 여러모로 나았다. 무엇보다 아내가 돌아오면 극장에 나설 때마다 다시 주눅들 것이 뻔했다. 하지만 그런 걸 따질 상황이 아니었다. 그는 처남에게 부탁하여 용천에 있는 아내와 자식들을 다시 서울로 데려왔다.

서울로 돌아온 아내는 이해랑이 다시 연극을 한다는 소식에 이젠 화도 내지 않았다. 어쩔 줄 몰라 하는 남편 앞에서 그녀는 한숨을 쉬며 나지막이 말했다. "이젠 어쩔 수 없군요." 이해랑은 식은땀을 흘렸지만, 모처럼 다시 시작한 연극이니 만큼 열정이 넘쳤다. 한동안 집에서는 미안한 만큼 더욱 자상한 남편이 되었고, 밖에서는 공연을 준비하느라 정신이 없었다.

황철(1912~1961)
1935년 동양극장에 입단하면서
각광을 받았던 배우.

이해랑은 유연한 사고방식을 가진 사람이다. '호접', '뇌우', '춘향전', '여명'을 연이어 무대에 올리던 무렵, 그는 신파극의 인기배우였던 황철(1912~1961)을 기꺼이 낙랑극회의 일원으로 맞았는데, 이해랑이 꽉 막힌 사람이었다면 좌익이거나 신파극 경험이 있다는 이유만으로도 황철을 거절했을 것이다. 하지만 이해랑은 장점을 배우고 흡수하는 쪽을 택했다. 황철 덕분에 더 많은 관객이 낙랑극회의 공연을 찾으리란 점도 염두에 뒀다. 그뿐만 아니라 황철의 연기는 당대에 손꼽히는 수준이었다. 이해랑 역시 황철과 함께 연기하며 스스로의 성장을 도모할 수 있었다.

극예술협회의 출범

낙랑극회의 사무실은 명동에 있었다. 이해랑은 이곳을 매일같이 찾아 공연을 기획하고 이따금씩 극단의 가계부를 보며 한숨을 쉬었다. 극단으로서 공연을 계속 올린다는 것은 긍정적 신호였지만 매번 흥행이 보장되진 않기 때문이다. 원래 연극이란 게 참여하는 배우나 스태프의 수가 많아 먹일 입이 많은 작업이기도 하다. 또 이해랑이 매일 개근한다고 해서 월급이 나올리는 만무했지만 이해랑은 그 생활이 좋았다. 고협에서처럼 선배들 등쌀에 괴로워하며 연극을 할 필요도 없었고, 적성에도 안 맞는 난로 회사나 우편국을 억지로 다닐 필요도 없었다. 무엇보다 아내가 양장점을 하던 당시 무기력하게 지내던 시절을 떠올려 보면 하루하루 의미가 충만했다. 여전히 아내의 눈치가 보이긴 하지만 다시 연극을 할 수 있다는 것, 그리고 매일

같이 찾을 수 있는 사무실이 있다는 것은 최고의 행복이었다.

     그런데 '여명'의 흥행이 지지부진하던 때에 명동 사무실에 화재가 발생했다. 겨우 갖춰왔던 극단 살림을 화마火魔가 몽땅 삼켜버리고 말았다. 화재로 인한 상처는 시간이 지나면 복구할 수 있었지만 문제는 황철이었다. 화재로 낙랑극회가 흔들리자마자 좌익 연극인들이 황철을 포섭하기 시작했다. 낙랑극회가 복구되는 사이 황철은 좌익 연극인들과 가까워졌고 자연스럽게 이해랑과 낙랑극회를 멀리하게 되었다. 이해랑이 분투하는 사이 막역지우였던 함세덕도 어느새 좌익 연극인들과 함께 하는 시간이 길어졌다. 좌우 대립 양상이 뚜렷해지면서 이념은 연극인들 사이의 분명한 선을 그었다. 이제 아무리 친했던 사이라도 이념적 지향이 다르면 함께 할 수 없었고, 우정 역시 이념 앞에서는 사소한 것이 되어가고 있었다. 그는 황철과 함세덕을 잃은 이때를 다음과 같이 회상했다.

> "나는 사상적으로 어떤 주의라는 것에서는 그 사람들과 이질적이다. 나로서는 그들이 생각하는 것을 죽었다 깨어나도 추종할 수가 없다. 연극인으로서 나는 연극의 자유, 생활의 자유를 추구한다. 그것이 소위 민주주의

라 한다면 나는 민주주의의 신봉자인 셈이다. … 도대체 민주주의란 무엇인가, 또한 우리가 좌경이라고 하는 공산주의란 무엇인가. 왜 그것이 말썽인가, 왜 그것은 우리의 생활이나 지역을 초월해가지고 바람을 일으키는 것인가 하는 생각을 하게 되었다."[14]

친구들을 잃은 이해랑은 좌익 연극계에 대항 할 만한 차별화된 조직 활동이 필요하다고 느꼈다. 연극적으로든 기세 싸움이든 더 이상 밀려서는 안 되겠다는 위기감 때문이었다.

좌익이 아니면서 실력까지 겸비한 거물 연극인이 필요했다. 아무리 생각해도 사실주의 연극을 완성시켰다고 평가 받는 극작가이자 연출가, 동랑 유치진뿐이었다. 이해랑은 갈월동에 있는 유치진의 집을 찾았다. 유치진은 과거 현대극장 등을 운영하며 친일 어용극을 공연한 바가 있어, 자숙의 기간을 갖는 중이었다. 해방 직후에도 이해랑은 유치진을 포섭하려 했지만 이미 한 번 완곡한 거절을 겪은 바 있었다. 유치진은 낙랑극회의 어려움을 소상히 듣자 두 번째 요청까지는 거부하지 않았다. 이해랑과 유치진은 연극 브나로드 실천위원회를 조직하여 좌익의 정치 선전극에 본격적으로 대항했다.

유치진의 연극 '자명고'

1947년, 때마침 수도 경찰총장 장택상이 "극장 안에서의 예술을 빙자한 정치선전 금지조처"를 내렸다. 자연히 극장에서 이념 선전극을 위주로 공연하던 좌익 연극계는 일시적으로 위축되었다. 이해랑으로서는 좋은 기회였다. 이번에도 강한 행동력을 보여 동료들을 모았다. 유치진은 친일 이력이 마음에 걸려 대외적으로는 이름을 발표하지 않고 극예술협회의 좌장을 맡았고, 그를 필두로 김동원·유치진·이화삼·방상익·김선영·조미령 등의 배우들이 모여 극예술협회를 출범시켰다. 극작가와 연출가, 배우 등이 충분한 상태에서 한국문화 흥업사가 후원자로 나서준 덕에 재정적인 우려 없이 곧바로 공연을 준비할 수 있었다. 극예술협회의 첫 공연은 유치진의 '자명고'였다. 유치진은 '외세 배척과 분단에 대한 고뇌'라는 주제에 이 작품이 적절하다고 생각했다.

이념 앞엔 친구도 없더라

'자명고'는 준비 과정부터 비틀거렸다. 좌익의 지령을 받은 극장 직원들의 태업으로 준비부터 지지부진하더니, 차일피일 일을 미루는 건 물론이거니와 무대장치를 몽땅 부숴버린 일도 있었다. 이해랑은 "불량배 앞잡이를 내세워 공연장 입구를 봉쇄, 관객들을 몰아냈으며 출연자들에게도 공갈 협박을 한 일이 있었다"고 기억했다. 이를 견디다 못한 유치진이 학련 이승철 회장에게 보호를 요청하여 공연은 무사히 진행될 수 있었다.

　　좌익의 방해로 인한 난리 속에도 '자명고'는 큰 성공을 거두었다. 관객들의 입소문을 타고 공연은 성황을 거두어 표를 사려면 국도극장이 있던 을지로4가에서 을지로3가까지 줄을 서야 할 정도였다. 신파극이나 선전극에 지쳐 있던 관객들은 극예술협회가 내놓은 오랜만의 정통 사극에 환호한 것이다.

무대를 떠난 4년간의 공백을 메우려는 듯 낙랑극회와 극예술협회까지 종횡무진 활약하는 가운데 이해랑은 차차 연극계의 젊은 리더로 기대를 모으고 있었다. 이해랑이 주목받은 이유로는 단지 활동량 때문만은 아니다. 여기에 대해 연극학자 유민영은 세 가지 이유를 들고 있다.[15] 첫째, 이해랑은 실기와 이론 면에서 대단한 실력을 갖추고 있었다. 대학에서 연극을 전공하고 각종 서적을 탐독했던 그였다. 더구나 학생 시절부터 무대 경험을 갖춘 이해랑의 공연은 언제나 일정 이상의 수준을 보장했다. 둘째, 그의 높은 도덕성이다. 어용극과 신파극만 가능했던 일제 말기 연극에 실망하여 무대를 떠나 있었고, 조선연극건설본부의 모임에서 친일 청산을 외쳤던 그는 누가 봐도 떳떳한 연극인이었고, 따라서 그가 하는 발언 하나하나에는 무게감과 명분이 있어 언제나 으르렁대던 좌익 연극인들도 과거 이야기가 나오면 이해랑 앞에서는 한마디도 보태지 못했다. 셋째, 용기와 행동력이다. 태업으로 동업자들을 방해하는 것도 모자라 불량배까지 동원하는 좌익들을 상대로 우직하게 자신의 뜻을 관철시키는 것은 보통의 용기로는 어려운 일이었다.

이해랑은 민족진영의 젊은 리더이자 논객으로도 활발하게 활동을 펼쳤다. 그는 '조선극작가론'이란 글을 통해 "정치의 압력에 예술이 국책해서는 안 된다. 그것은 두말할 것 없는 예술의 패배"이며, "좌익이든 우익이든 예술적 견지에 티가 있어서는 안 된다"며 함세덕을 공격했고 그 외에도 박영호·조영출·박노아 등 좌익 연극인들의 작품에 나타난 연출적 미숙함과 태도적 오류를 지적했다.[16] 이해랑은 이듬해 같은 잡지에 실은 '연극의 순수성'에서 다음과 같이 말하였다.

> "그들은 … 무대의 예술적 환상 속에서 생명을 지속할 수 있는 배우를 무대에서 끌어내려 그들로 하여금 시원치 않은 이데올로기에 열중하게 하는 결과를 빚게 하였다. 연극으로 하여금 연극의 길을 걷게 하여라. 정당의 갈등과 추잡한 현실 속에 연극마저 끌어들여 순수해야 할 연극의 세계를 탁류로써 흐릴 필요가 어디 있느냐?"[17]

말하자면 연극은 연극다워야지 이념의 도구로 쓰여선

안 된다는 지극히 상식적인 주장이다. 그렇다고 좌익의 위세가 한풀에 꺾여나간 것은 아니었다. 서울의 여러 극장에서는 여전히 선전극이 공연되고 있었다. 이해랑이 그토록 반대해온 신파극적 연기술이 동반되었음도 물론이다. 이해랑은 좌익 선전극에 따른 한국 연극의 전반적인 수준 하락이 안타까웠다. 이 시기 그는 여러 칼럼에 그러한 좌익 연극의 기술적 오류를 조목조목 지적하면서 민족진영 논객으로도 선봉에 있었다. 그는 '해방 4년의 문화사'라는 글에서도 좌익 연극의 총체적 부실, 말하자면 선동극은 "정상적이고 연극다운 연극이 아니기에 자연히 소멸할 것"이라고 보았다. 이해랑의 칼럼은 워낙 논리적으로 정교했던지라 좌익 연극인들은 이렇다 할 논박도 해보지 못했다.

> "순수 연극운동이란 다시 말하면 연극의 순화운동이다. 연극이 아닌 잡스러운 정치 현실이 뻔뻔스럽게 연극에서 큰 얼굴을 하고 연극이 가져야 할 연극 자체의 미를 옆에다 밀어 놓고 전면에서 우쭐거리는 폭찬의 행위에 대한 항거요 그들 폭도의 손에서 연극을 다시 해방하고 연극으로 하여금 연극의 길을 걷게 하기 위하여 연극의

독립을 부르짖는 운동이다."[18]

"신파연극은 이렇게 기형적인 인간을 만들어 냈다. 신파연극을 나쁜 연극의 대명사처럼 요즘 흔히들 말하는데 그것은 과히 틀린 말이 아니다."[19]

신파의 약점을 간파하고 순수 연극을 부르짖는 이해랑의 힘찬 논조의 칼럼에 좌익 연극계도 반격했다. 그런데 그 반격이 펜을 통한 반격이 아니었다. 이후로 이해랑은 가끔씩 의문의 편지들을 받았다. 협박장이었다. 빨간 글씨로 쓰여 있는 편지의 내용은 살벌했다.

"반동 연극을 중지하고 자중하라! 그렇지 않으면 당신은 물론 가족까지 몰살하겠다."

날이 갈수록 협박장은 늘어만 갔다. 이해랑은 자신은 물론 가족들에게 화가 미칠까봐 겁이 났다. 돈암동 집 대문에 있던 문패를 치우고 출퇴근 길도 조심조심 다녔다. 사정을 듣고 극예술협회의 단원인 오사량이 보디가드를 자처하고 나섰다.

　　좌익과의 첨예한 갈등 덕에 결국은 진짜 싸움이 났다. 이해랑이 오사량과 도쿄학생예술좌 시절의 친구였던 무대장치 예술가 홍성인과 술을 마시고 있을 때였다. 한창 술자리가 흥겨워지려는 데 안영일·이강복·이서향 등 좌익 연극인 대여섯 명이 나타나 시비를 걸었다. 어지간해선 욕 몇 마디는 참고 넘기려고 했다. 하지만 낙랑극회·극예술협회 등의 활동을 좌익 연극에 대한 정면충돌로 받아들인 데다, 칼럼을 통해 자신들의 연극을 논파 당해 약이 오를대로 오른 그들이 결국 주먹을 휘두르기 시작했다. 기분 좋게 취해 했던 세 명은 그날 술이 다 깰만큼 무척 많이도 얻어맞았다.

　　이날 이해랑을 폭행한 이들 중에는 옛 친구들도 있었다는 점이 그를 더욱 슬프게 했다. 이날 육탄전의 주인공 중 이서향은 그날 해랑과 술을 마시고 있던 홍성인과 마찬가지로 도쿄학생예술좌의 동료였다. 조영출은 무려 도쿄 유학시절 한 방에서 하숙을 하던 사이였다. 하지만 앞선 이해랑의 칼럼 '조선극작가론'에서 호된 비판을 받은지라 머리끝까지 화가 나 있는 상태였다. 과거 함께 수학한 동료들끼리 연극에 대한 논리적인 변증법으로 우아한 대화를 주고받으며 대결했다면 얼마나 아름

다웠을까. 그러나 해방 직후 모든 게 혼란한 상황에서 주먹은 말보다 강했다. 정말 이념 앞에선 친구도 동료도 추억도 없었다. 한국 연극사의 서글픈 한 장면이었다.

4장

혼란한 시대의
선봉에서

국립극장에서의
편안한 한때

그토록 첨예하던 연극계의 이념 대립은 시국의 변화로 인해 생각보다 깔끔하게 정리되었다. 한반도가 38선으로 분단되면서, 좌익 연극인들의 중추가 대부분 월북하여 활동을 이어갔기 때문에 서울에는 민족진영만 남게 되었다. 사정이 그러하다 보니 좌익 선전극과 선봉에서 싸워온 이해랑과 극예술협회의 위치는 대단히 공고할 수밖에 없었다. 이제 협박장을 받는다든가 주점에서 불시에 주먹질을 당할 일은 없어진 것이다.

환경이 안정되자 이해랑은 이제 극예술협회의 운영 방식을 재정비하게 되었다. 우선 독재식 운영 체제를 배제하였다. 대신 극단의 중요사항들을 단원들의 합의제로 결정하도록 했다. 또 수익금 배당제를 손봐서 단원들이 좀 더 경제적 안정을 얻을 수 있도록 했다. 이해랑은 고협과 현대극장 시절 열심히 활동하고도 적은 수익 때문에 아내에게 면이 서지 않았던 것을 기억하면서 후배들에게는 조금이라도 나은 생활을 주고 싶었다.

이해랑의 극예술협회 운영방식 변경은 민주적이고 유연했으나 엄격한 점도 있었다. 대표적인 것은 부부 동반 출연금지 조치다. 아무래도 모든 면에서 프로페셔널한 극단을 지향하는 만큼 공적인 상황에서의 긴장감이 계속 유지되기를 바랐기 때문이다.

체제가 정비되자 극예술협회는 이해랑과 유치진의 주도 하에 부지런히 공연을 기획하여 무대에 올렸다. 미군은 군사적 지원뿐 아니라 문화예술에 대한 지원도 했다. 특히 '대춘향전'은 미군의 제작 지원 아래 만들었기에 무대나 의상 등을 욕심껏 꾸며낼 수 있었고, 결국 창단 이래 최고의 공연으로 호평 받으며 관객들의 열렬한 환호를 이끌어냈다. 유치진이 쓰고 허석이 연출한 '별' 역시 만원을 이루었다. 극예술협회는 '별'을 들고 전국 순회공연을 떠나 흥행했고 덕분에 극예술협회의 재정은 탄탄한 기반을 마련할 수 있었다.

이해랑은 배우, 공연기획, 칼럼니스트 등 연극인으로 여러 얼굴이 있겠으나 역시 가장 대표적인 그의 배역은 연출가다. 그 걸음마를 시작한 것도 이 시기다. 그는 좌익 연극과 대

극예술협회의 '춘향전' 공연

립하는 가운데 칼럼니스트로서 완고한 리얼리즘 연극관을 전파해 왔지만 생각해보면 이를 연출로서 실현해 본 적은 없다. 연극은 극작가와 배우들 그리고 여러 스태프가 모여 만드는 집단 예술이다. 하지만 포스터 앞머리에 이름을 싣는 자는 연출이다. 연출 의도와 예술관에 따라 무대와 연기의 지향이 변화하기 때문이다. 이해랑은 극예술협회가 이탈리아 콘테 원작의 '도란기'를 번안해 공연하고자 하던 차에 마땅한 연출자가 나타나지 않자 자신의 연극 철학을 무대에 실천해볼 좋은 기회로 여겨 연출가로 나섰다. 하지만 처음 배우를 했을 때도 그러했듯 첫술에 배부를 수는 없는 법이었다. '도란기'는 흥행에는 물론 전문가들의 평가에서도 모두 참패했다. 그중에서도 특히 〈경향신문〉의 평가가 야박했다. 신문은 극예술협회가 그동안 유치진의 창작극에만 의존해왔던 것을 지적하면서 모처럼의 번안극과 이해랑의 연출에 대해 "야담적인 공연 태도만을 보여주었다"[20]고 논했다.

    첫 연출작이 참패했다고 주눅들 이해랑이 아니었다. 일제의 가혹한 고문도 견디고 온 집안의 반대에도 굳건히 연극을 했던 그가 아닌가. 또한 이해랑은 실패에서도 배우고 비판에 귀를 기울이는 사람이었다. 〈경향신문〉이 지적한 창작극의 부족은 스스로도 뼈저리게 느끼고 있었지만 다수의 극작가가 월북을 해 서울에는 극작가가 너무도 부족한 상황이었다.

극작가 오영진(1916~1974)

때마침 평양에서 한 남자가 월남해 왔다. 문학지문에 종종 등장하여 중고등학생에게도 나름 인지도가 있는 오영진(1916~1974)이었다. 그는 한국적인 소재로 사회를 풍자하는 희극을 쓰는데 일가견이 있는 작가였고 대사 역시 찰진 맛이 있었다. 여기에 오영진은 이해랑과 인연도 있었다. 과거 오영진이 좌익 테러리스트의 저격을 받고 입원해 있을 때 이해랑이 몇차례 병문안을 갔던 것이다. 오영진은 이해랑의 부탁을 흔쾌히 승낙하여 창작극을 하나 집필해왔다. 한국 현대극의 걸작이자 '살아있는 이중생 각하'로 잘 알려진 '인생차압'이다. 이 작품이 곧 이해랑의 두 번째 연출작이 되었다.

훌륭한 텍스트와 절치부심한 이해랑의 연출이 만나 공연은 평론가들의 절찬을 받았다. 부패한 구세대에 대한 품격 있는 풍자로 충만한 오영진의 신작은 이해랑이 만든 무대 위에서 아름답게 구현되었다. 하지만 작품성에 대한 고평과 달리 관객들은 이 작품을 좋아하지 않았다. 하지만 신파와 대중극에 익숙했던 관객들에게 사회 풍자극이 낯설었을 뿐, 내용도 어렵지 않은데다 익살맞은 장면도 많다보니 공연이 진행될수록 관객들의 반응도 서서히 나아졌다.

'인생차압' 공연이 끝난 뒤 이해랑과 극예술협회로서는 당황스러운 일도 뒤따라왔다. 오영진이 원고료를 요구한 것이다. 지금이야 원고료 지급은 당연한 일이지만 계약서 보다는 작가와의 친분으로 작품을 구하던 당시에는 극작가에게 원고료를 지급하는 게 상식이 아니었다. 더구나 공연에서 적자가 나면 극작가는 원고료의 '원'자도 입 밖에 내지 못하던 시절이어다.

'인생차압'을 마칠 때쯤 처음보다는 객석이 꽤 들어찼지만 그렇다고 극장 밖에 긴 줄을 세울 정도는 아니었기에, 이해랑은 오영진의 원고료 요구가 당황스러웠다. 하지만 빚을 내서 원작료를 지불했다. 당대의 관행에 따라 무시할 수도 있는 요구였지만 연출가이자 극단 운영자로서 마땅한 책임을 다한 것이다. 그리고 무엇보다 극작가가 부족한 현실에 오영진과 같은 탁월한 극작가와 관계를 망칠 이유가 없었다.

이해랑의 연출작 두 편으로 극단 재정 신호에 빨간 불이 켜진 차에 미 공보원이 구원투수로 나섰다. 재정 지원을 하겠으니 번안극들을 공연해달라는 것이었다. 극예술협회는 '애국자', '용사의 집', '높은 암산' 등의 번안극을 무대에 올렸다. 예산이 풍부했던 만큼 모두 다채로운 볼거리를 제공하는 공연이었다. 공연들이 연달아 흥행하면서 극예술협회의 인기는 연극계 내에서 단연 선두를 달렸다. 이해랑의 위상 역시 상한가를 쳤다.

미 공보원 덕분에 재정이 탄탄해지자 창작극에 대한 미련이 다음 공연의 원동력이 되었다. 이해랑은 사실적인 삶을 그려내는 연극을 꿈꿔왔던 만큼 번안극은 우리의 현실을 담아내기에 적합하지 못하다는 생각에 다시 한 번 오영진을 찾았다. 원고료 사건(?)으로 인해 껄끄럽긴 했지만 그만한 작가를 찾기는 어려웠기 때문이다. 오영진도 지난 작품 못지않은 걸작을 써왔다. 한국 희곡의 고전이랄 수 있는 '맹진사댁 경사'였다. 토속적인 소재, 해학적인 대사, 권선징악의 결말을 갖춘 오영진의 신작을 읽자마자 이해랑은 대성공을 예감했다. '맹진사댁 경사'는 관객들이 이해하기도 쉬울뿐더러 내내 웃으며 볼 수 있었다. 예상대로 이 작품은 크게 흥행했다. 극예술협회는 서울에서의 흥행에 고무되어 '맹진사댁 경사'를 들고 전국 순회공연에 나서 지방의 관객들마저 끌어 모았다.

그 사이 서울에는 국립극장 설치령이 공포되었다. 초대 극장장으로는 유치진이 임명되었다. 국립극장 설치령은 경사였다. 재정적 이유로 공연을 올릴 때마다 흥행하느냐 마느냐를 신경을 쓸 수밖에 없었는데, 국립극장은 전속 극단제를 실시했기 때문이다. 순회공연을 마치고 돌아온 이해랑은 단원들을 모두 데리고 국립극장에 들어갔다.

이해랑은 극협이 신협으로 개칭된 것이 불만스러웠다. 그래도 경제적으로는 이보다 좋을 수 없었다. 해방 직후부터 지금까지 항상 빈 객석을 보면 긴장할 수밖에 없었지만 국립극장에서는 매달 5만 원씩 월급이 나왔다. 이는 당시 일반 가정이 쓰는 생활비의 두 배 정도였으니 이해랑은 물론이고 극단 단원들도 연극을 시작한 이래 이렇게 호사를 누려본 적이 없었다. 국립극장이 제공하는 안정 속에서 이해랑은 유치진이 쓰고 연출한 '원술랑'과 '뇌우'에 출연하며 배우로서의 입지도 공고히 했다. 아마 말년을 제외하면 이해랑의 인생에서 가장 걱정 없이 연극에 몰두할 수 있었던 시기였을 것이다. 공연이 계속 될수록 이해랑을 알아보는 시민들도 많아졌다.

오영진의 '맹진사댁 경사'는 한국적 해학과 웃음, 한국 신극新劇에서 드물게 보는 정통희극의 여러 가지 요소를 갖추고 있어 지금까지도 무대에 올려지고 있다.

국립극장 개관작 '원술랑'

1950년 6월의 어느 날

'뇌우' 공연을 마친 뒤 며칠이 지났다. 1950년 6월 어느 일요일. 이해랑은 평소와 다름없이 극장에 출근해 공연을 준비하던 무용단의 발레를 구경하고 있었다. 그런데 갑자기 장내에 안내방송이 나왔다.

"모든 국군은 즉시 소속부대로 복귀하라."

6월 25일. 한국전쟁의 시작이었다. 하지만 전쟁이 났다고 해서 영화에서 보던 것처럼 순식간에 도시가 폐허와 아수라장으로 변하진 않는 모양이다. 시민들은 평소와 다름없었고 발레를 보던 이해랑도 마찬가지였다. 하지만 27일 밤이 되자 상황은 급박해지기 시작했다.

28일 새벽, 누군가 이해랑의 돈암동 집 대문을 세차게 두드렸다. 무슨 일인가 하고 나가보니 오사량이었다. 앞서 이해랑의 보디가드를 맡아주었고 함께 술집에서 좌익 연극인들과 싸움 한판을 벌였던 바로 그 단원이다. 오사량의 말을 들어본즉 서울은 곧 북괴에게 떨어지게 생겼고 정부는 이미 수원으로 피난을 간 상황이었다.

아내는 우선 당신 혼자라도 먼저 피난을 가라고 이해랑의 등을 떠밀었다. 38선으로 분단되어 좌익 연극인들이 월북하기 전까지 좌익계와 가장 앞서서 싸워온 사람이 이해랑이었다. 서울이 점령된다면 이해랑의 운명은 불 보듯 뻔했다. 이해랑은 오사량과 아내의 독촉에 떠밀려 잠도 덜깬 상태로 대문을 나섰다. 극장에 들렸다 나와 거리를 걷다보니 서울의 풍경은 살벌하게 변해 있었다. 태평로에는 군트럭이 줄을 이어 서 있었고, 서대문 형무소에서는 죄수들이 풀려나 옷도 갈아입지 않은 채 거리를 활보하고 있었다. 정말 세상이 순간에 바뀌어 이전의 안락함은 온데 간데 없었다. 대중교통이나 자가용 같은 수단은 꿈도 꿀 수 없는 상황이라, 그는 인사동에서 한강교를 향해 걷기 시작했다.

28일은 비가 내려 우산도 없이 걷고 있던 이해랑은 흠뻑

젖었다. 그래도 한강에 도착했으니 이제 강을 건너면 다소 안심할 수 있었다. 그런데 믿을 수 없는 일이 벌어졌다. 그 순간 굉음과 함께 불꽃이 튀었다. 눈을 비비고 다시 보아도, 방금까지 늠름하게 서 있던 한강 인도교가 불길에 휩싸여 그 허리가 잘려있는 것이다. 이해랑은 물론이거니와 한강변에 서 있던 피난민들은 모두 망연자실 서 있기만 했다. 다음 날, 하늘은 다시 맑아졌다. 하지만 폭우로 한강이 불어나 몰아치고 있었다. 그래도 이해랑은 강을 건너야만 했다.

이해랑이 연극 말고도 잘하는 게 있다면 바로 수영이었다. 하지만 아무리 수영에 자신이 있어도 불어난 한강을 가로지르는 일이 쉬울 리는 없었다. 하지만 다른 선택지도 없었다. 그는 신발을 버리고 바지는 벗어 목덜미에 동여매었다. 준비운동을 하고 한강에 뛰어들었다. 물살이 거셌지만 그는 예전의 실력을 발휘하여 침착하게 팔을 저어 노량진에 닿을 수 있었다.

천신만고 끝에 도강에 성공한 그는 맨발로 걸어 시흥에 도착했다. 그곳에서 장국밥으로 오랜만의 끼니를 해결한 뒤 신발을 사 신고 임시 수도가 된 수원에 갔다. 그랬더니 정부는 이미 대전까지 남하했다는 것이다. 수원역에서 화물 기차를 얻어 타고 다시 대전에 도착했더니 공보처 관리가 이해랑을 반갑게 맞아주었다. 그는 정부 방침을 방송하는 일을 맡아달라고 부탁했다. 엄중한 상황에 정부의 보호 아래 움직일 수 있다는 점에서 나쁘지 않은 제안이었지만 서울을 사수한다는 거짓말이 떠올라 거절해버리고 말았다.

그가 수원에서 대전으로, 대전에서 다시 부산으로 향하는 사이 피난민 사이에서는 이해랑이 익사했다는 이야기가 돌았다. 국립극장 스타로 얼굴이 제법 알려졌던 이해랑이 불어난 한강에 뛰어들었으니 다들 그가 죽었다고 생각할 만도 했다. 그래서 이해랑은 부산으로 향하는 길에 깜짝 놀라 소리를 지르는 사람들을 종종 마주쳐야 했다. 저승에 있다던 사람이 눈앞에 있으니 이게 유령인가 싶었을 것이다.[21]

연극하는 군대

무엇이든지 양면성이 있는 법. 이해랑은 워낙에 지체 높은 사대부 집안에서 태어나는 바람에 연극을 하는 내내 뒤통수에 날아와 꽂히는 따가운 시선들을 견뎌야 했다. 반면 '금수저' 집안이기 때문에 어려운 일이 있을 때마다 종종 위기를 벗어날 수 있었다. 한국전쟁의 와중에도 부산의 부친댁은 이해랑에게 휴식처가 되었다. 숙식에 어려움도 없었거니와 부산은 아직 전선이 되진 않았기 때문에 서울이나 수원에서 봤던 난리통은 겪지 않아도 되었다.

피난민들로 인산인해였던 부산은 정말 난리였다. 쌀이 부족해 밀가루를 배급했으나 이마저도 여의치 않을 때가 많았다. 애초에 연고도 없이 부산으로 내려온 연극인들의 고생도 컸다. 일부는 징집되어 전선에 나가기도 했다.

연극인들의 어려움을 전해들은 이해랑은 곧바로 문화극장에 달려가 극장장으로 있던 한유한을 설득하여 예술극회의 단원들이 부산 문화극장의 숙직실을 숙소로 쓸 수 있게 하였다. 이해랑은 젊은 연극인들이 징집되는 상황도 심각하게 생각했다. 젊은 세대의 배우들이 전쟁통에 세상을 등진다면 이후의 연극은 황무지부터 다시 개간해야 할 게 자명했다.

이해랑은 연극으로 군대에 공헌할 수 있는 방법이 무엇인지 고민했다. 그리고 부친과 자신의 인맥을 총동원했다. 그중 평소 안면이 있던 부산지구 군정 훈감 김종문이 떠올랐다. 김종문은 군인이었으나 동시에 시인이었으며 예술이 얼마나 중요한지 잘 이해하고 있는 사람이었다. 그는 전쟁으로 예술의 맥이 끊겨선 안 된다는 이해랑의 주장에 공감했다. 곧바로 문총구국대를 조직하여 군 산하의 극단으로 이해랑이 단원들을 모을 수 있게 해주었다. 연극하는 군대가 탄생한 것이다.

군대가 조직되었으니 곧바로 임무가 주어졌다. 마침 미공보원은 문총구국대에 전쟁을 소재로 한 연극을 세 편 상연해달라고 요청했다. 전시에도 국민과 군인들의 사기를 한껏 올려줄 수 있는 도구로 승전보 외에는 연극만한 게 없었다. 하지만 전쟁을 소재로 한 작품이 드물던 때였다. 이해랑은 부산에 머무르던 극작가 친구들에게 새로운 희곡 작품을 부탁했는데, 문학 작품이 라면 끓이듯 뚝딱 나올 수는 없는 노릇이었다. 겨우겨우 한노단(1912~1977)만이 공연용으로 '전유화'를 써 왔다. 이해랑은 급한대로 연출을 맡고 문총구국대에 가입한 배우들과 부지런히 연습하여 대구와 부산을 오가며 첫 공연을 올렸다.

그런데 이 공연이 예상외로 피난민들의 큰 호응을 받았다. 전쟁 시기에 연극을 볼 여유가 없었으리라고 생각할 수 있으나, 문화예술에 관한 욕구는 생존에 대한 집착이 강해진 만큼 뜨거워져 있었다. 그리고 힘들 때이니만큼 사람들은 마음의 위로가 더욱 필요했던 것이다. 피난민과 군인들은 극장에서 잠시나마 일상을 잊고 지친 마음을 달랠 수 있었다. 문총구국대가 자신의 전선에서 첫 승리를 거둔 셈이다.

문총구국대가 극장에서 열심히 싸우는 사이 전황도 달라지고 있었다. 인천상륙작전의 성공으로 서울이 수복됐다는 소식이 들려왔다. 가족들이 보고 싶었던 이해랑은 미군 함정을 얻어타고 귀경했다. 서울에 남아있던 가족들은 다행스럽게도 모두 무사했다. 모처럼 만난 가족들은 미뤄둔 이야기를 나누며 웃음꽃을 피웠다. 반면 국립극장은 폐허나 다름없었다.

한노단(1912~1977)
극단 신협이 피난시절에
크게 활약할 수 있었던
여러 가지 원인 중
한노단의 후원은 매우 크다.

건물은 멀쩡하게 있었지만 연극을 위한 설비나 재산이 될만한 것들은 모두 북한군이 뜯어가고 난 뒤였다. 무엇보다 문제는 단원들이었다. 피난길에 오르지 않았던 단원들 상당수가 납북되어버렸다. 이해랑의 친구이자 국립극장의 핵심 배우였던 김동원만이 기적적으로 탈출해 다시 극단에 합류할 수 있었다.

    서울 수복과 김동원의 복귀로 기세가 오른 단원들은 의욕적으로 공연에 착수했다. 우선 피해가 적었던 국도극장을 빌려 국립극장의 이름으로 수복기념 공연 '혈맥'을 올렸다. 그러나 공연장은 전쟁통의 대구나 부산보다도 한산했다. 폐허가 된 수도에 인적이 드물었던 탓이다. 그나마 남아있는 사람들조차도 북괴가 앗아간 삶의 터전 앞에서 연극을 볼 의욕을 잃었다.

    국립극장의 단원들은 당장 생계가 막막해졌다. 이전까지 극예술협회는 흥행과 실패를 반복했지만 그래도 입에 풀칠은 하고 있었고 국립극장에 들어가면서부터는 안정적으로 월급을 받으며 연극에 전념할 수가 있었다. 그러나 전쟁 통에 배우들에게 국립극장 월급이 지급될 리가 없었다.

    이러한 위기 속에 이해랑의 리더십과 행동력 그리고 넓은 인맥이 다시 한 번 빛을 발했다. 그는 친분이 있던 이선근 장군을 찾아가 방책을 호소했다. 문총구국대와 마찬가지로 우리 예술을 지켜나가기 위해선 생계가 해결돼야 한다는 논리였다. 이선근은 이에 공감하여 문예중대文藝中隊를 조직하였다. 국립극장 배우들은 군에 소속되어 훈련하고 위문 공연을 올리면서 월급을 받을 수 있게 되었다. 이선근은 김종문만큼이나 예술에 대한 조예가 깊은 사람이었고, 장군직을 수행하는 만큼 권리도 더욱 많았다. 그는 이해랑과 신협 단원들을 포함해 악단과 무용단까지 1백여 명을 문예중대로 거두었다. 문예중대는 문총구국대보다 훨씬 규모가 큰 조직이 되었다. 이렇게 전쟁의 포화 속에도 이해랑이 애쓴 덕분에 한국 연극은 그 산실을 지켜낼 수가 있었다. 그리고 전쟁 중에도 공연을 계속 이어가던 이해랑은 '문화예술계의 개선장군'으로 명실상부 연극계의 앞자리에 서게 된다.

문예중대의 대활약

수복된 서울에서의 생활은 길지 못했다. 중공군의 참전으로 국군과 미군이 후퇴하는 바람에 이해랑과 극단도 다시 피난을 나서야 했다. 첫 피난 때 사정상 홀로 떠나야 했던 이해랑은 이번엔 처자식부터 먼저 부산으로 보냈다. 그리고 자신은 문예중대의 단원들과 함께 움직였다. 이해랑은 신협 단원들을 모두 챙기기 위해 이선근 장군으로부터 화물차 한 대를 제공받았다. 단원들은 청량리에서 출발하는 화물차 한 칸에 짐과 연극장비들을 싣고 대구로 향했다. 그리고 문예중대의 전장이랄 수 있는 대구 키네마 극장에 짐을 풀었다.

문예중대는 피난민 처지이긴 했으나 밖에서 보기엔 스타군단이었다. 북에 끌려가지 않은 사람을 빼면 서울에서 활동하던 인기 배우들이 전부 모여 있었기 때문이다. 문예중대는

대구 키네마 극장.

'군대'로서의 주 임무로 피난민과 군인들을 위한 공연을 연일 펼쳤다. 그들은 극예술협회 시절의 레퍼토리였던 '자명고'를 공연했고 사람들은 스타들의 연기를 보기 위해 연일 키네마 극장으로 향했다. 평일은 2회, 공휴일은 3회씩 공연하는 강행군이었고 공휴일 공연 중 한 번은 유엔군과 국군을 위한 무료공연이었다. 아내와 아이들은 부산에서 문제없이 지내고 있었기에 이해랑은 마음 놓고 '임무'에 전념할 수 있었다.

하지만 문예중대도 엄연히 군대였다. 마음 놓고 연극에만 몰두해도 되는 집단이 아니었다. 엄격한 군사훈련과 피난지는 물론 최전방까지 찾아가 위문공연을 할 의무가 있었다. 유사시엔 폭격을 피하고 적과의 전투까지도 염두에 둬야 했다. 상대적으로 자유로운 극단 생활만을 해온 배우들로서는 엄격한 군대의 규칙은 물론이거니와 훈련의 강도가 너무 혹독하게 느껴졌다. 더구나 극단에는 나이 많은 배우나 여성 단원까지 있었으니 고된 훈련과 잦은 기합은 보통일이 아니었다.

문예중대는 엄격한 훈련을 받는 틈틈이 유치진이 새로 쓴 반공극 '순동이' 공연을 준비했다. 본격적인 위문 공연을 나서며 중대는 1소대 신협, 2소대 서울오케스트라심포니, 3소대 한국무용단, 4소대 KPK 악극단으로 나누어졌다. 신협이 속한

1소대는 A그룹과 B그룹으로 나누어져 동부전선은 A팀이, 서부전선은 B팀이 투입되었다. A팀은 이해랑이, B팀은 오사량이 맡았다.

　이해랑과 신협은 강릉, 양양, 속초 등 국군의 주요 진지를 따라 다니며 위문공연을 벌였다. 때론 격전이 막 끝난 곳도 있었고 전투가 이뤄지는 곳이니만큼 길도 험했으며 날씨도 궂을 때가 많았다. 하지만 모두가 불평 없이 도착하는 곳마다 군용 트럭으로 가설무대를 세워 임무에 최선을 다 했다. 전장에서도 군인들은 연극을 무척 좋아했다. 무대 뒤를 찾아와 눈물을 흘리며 감사 인사를 전하는 어린 병사들도 있었다. 언제 죽을지 모르는 전투에 지친 마음을 위로받았기 때문이다. 그럴수록 이해랑과 단원들은 사명감에 불탔다. 하지만 때론 무례한 사람도 있는 법이다. 군 장성 중에는 파티를 열어 여배우들만 초대하는 사람들도 있었다. 그럴 때마다 이해랑이 나서서 여배우는 예술가이지 기생이 아니라며 단호하게 거절하였다.

피난지에서 만난 셰익스피어

대구에서 위문 공연 등을 이어가는 가운데 이해랑은 새로운 창작의 욕구를 느끼기 시작했다. 그의 머릿속에 스쳐지나간 이름은 바로 셰익스피어. 문학과 연극의 가장 빛나는 보석이다. 영국에서도 인정받는 연극인들은 셰익스피어라는 통과 의례를 거쳐야 할 정도이다. 하지만 셰익스피어 극을 무대에 올리는 일은 쉬운 일이 아니다. 그의 언어가 워낙 아름다운 나머지, 실제 무대는 독자들 뇌 속에서 구현된 무대에 비해 초라하기 일쑤이기 때문이다.

마침 유치진이 부산에 피난 와 있으므로 이해랑은 그에게 '햄릿'의 부분 각색을 맡겼다. 하지만 그다음 과정부터 큰 차질이 생겼다. 햄릿을 맡아야 할 김동원이 도저히 못하겠다며 버텼기 때문이다. 훤칠한 외모와 준수한 연기력을 갖춘 김동원이 아니면 햄릿을 맡아줄 사람은 없었다. 하지만 김동원은 셰익스피어가 얼마나 어려운지는 이미 잘 알고 있었다. 셰익스피어 극의 완성도가 보증되기 위해선 숙련된 연기술이 필요한데 그는 자신의 기량이 아직 그에 미치지 못한다고 보았던 것이다.

"쉽게 말해 문학이지 대사가 아니었다. 단어 하나하나가 씹고 곱씹어야만 비로소 이해할 수 있을 정도로 심오성을 지닌 데다 상용어가 아닌 품격 높은 대화체여서 암기만 하기에도 주눅이 들었다."[22]

공연까지 일주일 밖에 남지 않았으므로 김동원의 주눅든 모습은 이해할 만했다. 김동원은 신입배우였던 최무룡에게 햄릿을 맡기는 게 어떻겠냐고 회유도 했지만 이해랑의 고집이 더 강했던 모양이다. 이해랑은 김동원이 햄릿을 맡아줘야 극 전체의 조화가 살아날 것이라고 보았다. 이에 김동원도 고집을 접고 코피를 쏟아가며 대사들을 외웠다.

훗날 김동원은 "햄릿을 연기하기 극구 거부했으나, 만약 햄릿을 안했더라면 연기자로서 평생 후회할 뻔했다"라고 말했

신협의 셰익스피어 '햄릿' 공연, 1951.

다. 대배우 김동원의 인생을 축약하는 말 중 하나가 바로 '영원한 햄릿'이기 때문이다. 김동원이 끝내 이해랑의 고집을 꺾었다면 한국 연극 애호가들은 최고의 햄릿을 놓칠 뻔했다. 신협의 '햄릿'은 참으로 고통스러운 산고 끝에 나온 우량아인 셈이다.

훗날의 영광과 달리 첫 공연은 시원찮았다. 특히 첫 공연이었던 낮 공연은 관객이 손으로 셀 수 있을 정도로 적었다. 배우들이 신이 날 리가 없었다. 하지만 그날 낮 공연이 불만스러웠던 데는 단순히 객석의 빈자리 때문만은 아니었다. 남들이 보기엔 이상 없는 연주자나 운동선수가 스스로의 컨디션을 잘 알고 있듯 극단도 마찬가지다. 공연 뒤 분장실의 분위기는 그야말로 무거웠다. 당연했다. 유명 극단들도 고전하는 셰익스피어의 대표작이 고작 일주일 만에 소화될 리가 만무했다. 이해랑은 침울한 배우들을 일으켜 다시 책 읽기를 시작했다. 코피를 쏟을 정도로 지쳐 있었던 김동원과 단원들은 반대했으나 이해랑을 이길 사람은 없었다. 다들 주먹밥을 먹어가며 책 읽기에 돌입했다.

일주일만의 강행군도 모자라 바로 책 읽기에 돌입하다니 이해랑은 보기에 따라 정말 가혹한 연출자로 보일지도 모르겠다. 하지만 이는 철저한 장인 정신으로 볼 수도 있지 않을까.

적당히 타협하느냐, 결국 끝을 보느냐는 결국 주어진 시간 안에 최선을 다 하느냐 아니냐는 것이다. 공연의 문제점을 파악하자마자 무대 연습이 아닌 책 읽기를 시도한 점도 의미심장하다. 이해랑은 원작 텍스트에 대한 충실한 이해를 통해서만 진실한 표현이 가능하다고 보았고, 연극에 있어서 언제나 '탄탄한 기초와 집요한 최선'을 지향하는 사람이었다.

　　단원들의 노력은 보상을 받았다. 연습을 거듭할수록 객석 빈자리가 점차 없어지더니 서서 보는 관객들도 생겨났다. 이렇게 공들여 만든 연극을 대구에서만 선보일 수는 없었다. 신이 난 신협은 '햄릿'을 들고 전주, 목포, 부산, 마산, 진주 등으로 순회공연을 다녔다. 호평과 열렬한 환호도 뒤따랐다.

　　자신감을 얻은 이해랑은 이제 셰익스피어의 4대 비극을 한 바퀴 돌 생각이었다. 한노단이 '오델로'를 번역해왔다. 김동원을 대표하는 배역이 '햄릿'이라면, 배우로서 이해랑을 대표하는 배역은 '이아고'가 아닐까싶다. '오델로'의 악역 이아고는 간신으로서 오델로와 디스데모나를 이간질해 파국으로 몰고 가는 인물이다. 악역은 관객의 미움을 받지만 악역이 매력적이고 지독해 보이지 않으면 주인공도 시시해 보이는 법이다. 유치진이 '오델로'의 연출을 맡은 가운데, 이해랑은 간신 이아고의 이

중인격을 탁월하게 표현해냈다. 영혼의 친구랄 수 있는 김동원과 이해랑의 듀엣 연기 대결에 관객들은 열광했다.

신협은 이 시기 셰익스피어 외에도 다양한 번안극을 올렸다. 이해랑은 원작을 존중하는 연출가였지만 때로 번안극은 우리 정서에 맞지 않아 고민이 필요했다. 그럴 때마다 이해랑은 적절한 대안을 내놓고는 했다. 몰리에르의 '수전노'를 공연할 때였다. 극중 주인공 아르팡 콩은 지독한 구두쇠라 손님에게도 볼품없는 음식만을 내놓는다. 그의 입에서 나오는 음식들이 모두 프랑스어였으므로 웃음이 터져야 하는 장면에서도 관객들이 이해를 못해 침묵만이 흘렀다. 이해랑은 다음 공연부터 해당 대사를 "간장, 고추장에다 된장찌개만 끓여 내놔라"라고 고쳐 올렸다. 그 다음 공연부터는 객석에서 웃음이 터졌다.

신협이 셰익스피어 공연을 연달아 흥행시키는 동안 문예중대의 위문공연 임무도 끝이 났다. 마침 문예중대를 만든 이선근도 전역한 차였다. 하지만 여전히 국군은 미군과 함께 북한군과 중공군을 상대로 일진일퇴를 거듭하고 있는 중이라 20대 젊은 단원들이 다시 군대로 끌려갈 판이었다. 이해랑은 사촌 매부인 김정열 공군참모총장에게 부탁해 문예중대를 공군 소속으로 입대시켰다.

전쟁이 장기화되면서 대구와 부산에는 신협 외의 연극 단체들도 새로 생겨나기 시작했다. 당장 신협의 단원들인 오사량, 최무룡도 뜻이 맞는 단원들과 새로운 극단을 조직해 나갔다. 이는 신협의 분열이라기보다 그동안의 활동 덕분에 연극계가 양적인 확장을 취할 정도로 안정되었다고 보는 것이 옳을 것이다.

새로운 극단들의 대두는 연극계 전체의 성장이라는 점에서 환영할만한 일이었지만 그동안 독주하던 신협으로서는 새로운 도전이기도 했다. 더욱이 영화 산업이 성장하면서 배우와 관객들이 영화로 눈길을 돌리는 현상도 나타났다. 이런 외부적 요인으로 인해 고전하는 가운데 극단 자체의 내적인 변화도 마주해야 했다. 국립극장장이 유치진에서 서항석으로 교체된 것이다. 신협이 유치진의 영향이 매우 강한 극단이었던 만큼 서항석은 따로 극단 '민극'을 조직하여 국립극장의 또 다른 축으로 삼았다. 그 무렵 서울이 재차 수복되었고 민극은 대구에 남아 활동을 이어가는 한편 신협은 상경하여 '원술랑'으로 수복 기념 공연을 했다.

부친의
행복한 패배

돌아온 서울에서도 신협은 고전할 수밖에 없었다. 폐허가 된 수도는 연극이 서기에 아직 튼튼하지 못한 토대였다. 이해랑은 다시 한 번 셰익스피어를 호출했다. 대구에서는 '햄릿', '오델로', '맥베스' 등 4대 비극을 위주로 공연했는데, 서울에서는 역사극 '줄리어스 시저'를 무대에 올렸다. 셰익스피어의 작품은 서울에서도 위력을 발휘했다. 전란 중이었던 만큼 권력, 의리, 음모 등이 뒤섞인 정치 드라마가 시민들에게 강하게 어필한 덕분이다.

하지만 셰익스피어의 마법만으로는 신협이 전세를 뒤집기 어려웠다. 서울에서도 극단이 늘어나기 시작했고 영화 산업은 더욱 활기를 띠었다. 신협의 또 다른 버팀목이었던 유치진이 극장장 자리에서 떠난 것까지 더해 신협은 안팎으로 악전고투를 거듭하고 있었다. 그러나 적어도 이해랑만큼은 확고한 입지를 유지했다. 친일과 좌경의 문제에서 가장 깨끗한 인물이었고 전란 속에서도 연극인들의 활동이 유지될 수 있도록 노력했던 점을 누구도 잊지 않고 있었다. 이해랑의 공적은 연극계만이 아니라 대한민국의 문화예술계의 구성원들에게 모두 인정받고 있었다. 그런 그에게 당연하다면 당연한, 그리고 매우 경사스러운 소식이 들려왔다.

국회는 전란 중 문화보호법을 제정하여 예술의 향상과 발전을 도모하고 예술가를 지원할 목적으로 예술원을 설립했다. 예술원의 회원 자격은 대학 졸업 후 해당 분야에서 10년 이상 종사했거나 대학을 마치지 않고 20년 이상 종사한 사람이었다. 예술회 회원은 일단 전국에서 443명이 등록하고, 등록한 문화인들이 투표를 통해 25명을 결정하도록 되어 있었다. 여기에서 이해랑은 최고 득표자로 이름을 올렸다. 동료 예술인들도 이해랑의 공적을 모두 인정하고 있었던 것이다.

예술회 회원으로의 선정은 개인적 영광인 동시에 연극인 이해랑에게 잊지 못할 경험을 쌓게 해주었다. 미 국무성이 초청한 시찰단에 예술회 회원 자격으로 포함되어 미국을 방문하게 된 것이다.

예술회 회원들과 함께 한 이해랑

무엇이든 진심으로 꾸준히 임하면 인정을 받는 법인가 보다. 이해랑이 이처럼 모두의 인정을 받자 집안의 시선도 서서히 호의적으로 바뀌었다. 더구나 연극은 그다지 벌이가 되어주지도 못해, 그때마다 염치불구하고 부친에게 생활비를 빌려 쓰기도 했으니 부친 이근용이 그때마다 얼마나 답답했을 지는 쉽게 짐작이 된다. 사실 이근용은 천덕꾸러기 아들이 세상의 인정을 받고 있다는 사실을 이미 알고 있었을 것이다. 이를 보여주는 일화가 있는데 바로 극단 산울림 대표이자 연출가 임영웅의 회고다.

부산 피난 시절, 임영웅은 '붉은 장갑', '처용의 노래', '오델로', '수전노' 등 신협의 주요 공연을 빠짐없이 보았던 신협의 팬이었다. 휘문고등학교 2학년이었던 그는 연극반을 되살릴 생각에 교장선생님의 허락을 받고 부산에 있는 휘문고 선배들을 찾아다니며 모금을 했다. 그때 들렸던 곳 중 하나가 이근용의 외과병원이었다. 이근용은 갑작스레 방문한 후배들의 계획을 한참이나 듣고는 거금 10만원을 내놓으며 슬며시 물었다. "자네들 연극을 한다니까 얘긴데, 이해랑이라고 아나?" 이에 임영웅이 나서서 신나게 "대한민국 최고의 배우!"라고 설명을 하자 이근용이 "그 놈이 내 아들이라네"라고 했다는 것이다.

신협에서의 활약 속에 피난지에서도 이해랑의 이름은 적잖이 알려져 있던 만큼 부산 유력 인사였던 이근용도 그 사실을 몰랐을 리가 없다. 이름 모를 후배들이 와서 아들을 '국내 최고의 배우'라 했을 때 얼마나 뿌듯했겠는가. 이어 이해랑이 예술회 회원으로 선정되고, 서울시 문화상까지 수상하자 이근용의 마음도 바뀌었다. 배우 이해랑은 40대가 되어서야 아버지의 첫 칭찬을 받았다. 미국으로 떠나는 해랑의 등을 두드리며 이근용이 말했다.

"장하다!"

자식 이기는 부모는 없다지만 이근용처럼 행복하게 패배한 아버지도 드물 것이다.

5장

대가로의
긴 여로

뉴욕에서의
꿈같은 3개월

"…일본까지는 조그만 비행기를 탔고 도쿄서 태평양을 건널 때는 팬탐사 대형기를 탔다. 프로펠러 비행기인데 밑창에 복어배처럼 볼록한 데가 있었다. 그게 바Bar인데 거기 앉으면 사방이 다 보였다. … 손님으로서 그 방에 앉아 위스키 잔에 입맛을 다시면서 사방을 조망했던 것은 지금 생각해도 참 멋있었다. … 샌프란시스코 상공에서 보이는 그 광경, 언덕에 즐비하게 늘어선 주택들, 색색의 페인트칠을 해놔서 정말 여태껏 보지 못한 꿈의 나라에 온 것 같은 희한한 느낌을 받았다."[23]

시찰단은 도쿄를 경유하여 미국행 비행기에 몸을 실었다. 시찰단을 태운 팬텀사의 비행기는 근사하게 태평양을 건넜다. 망망대해 위를 한참 비행하다가 도착한 곳은 샌프란시스코. 이해랑의 눈에 금문교를 자랑하는 도시는 별세계였다. 가난하고 전쟁에 신음하는 모국과 세계 최강국 항구도시의 풍경은 너무나 달랐다. 하지만 이해랑의 관심사는 관광이 아니었다. 예술회 회원에 시찰단이 된 것도 명예로웠지만 그보다는 미국에서 선진 연극을 직접 목도할 수 있다는 기대감이 가장 컸다. 그렇기에 2주간의 정해진 시찰단 일정을 마치자마자 곧바로 뉴욕으로 향했다.

뉴욕의 브로드웨이는 그때나 지금이나 세계 연극의 중심지다. 일주일에도 수많은 작품이 새로 간판을 걸고 관객들과 진검승부를 벌인다. 뉴욕에서 이해랑은 유명한 작품, 생소한 작품 가리지 않고 극장을 드나들었다. 수많은 연극 중에서도 그를 가장 감탄시킨 것은 엘리아 카잔Elia Kazan(1909~2003)의 연출이었다. 그는 당시 받은 충격에 대해 "카잔의 철저한 리얼리즘 연극 연출을 보고선 그동안 내가 한국서 해오던 연극 행동에 대해 뼈아픈 반성을 하지 않을 수 없었다."라고 회고했다.

이해랑은 엘리아 카잔을 만나고 싶었지만 한창 연출로 바쁜 카잔이 그럴 시간이 있을 리 없었다. 대신 그는 카잔과 리

헐리우드에서.

스트라스버그Lee Strassberg(1901~1982)가 운영하고 있는 액터즈 스튜디오Actor's studio를 찾아갔다. 액터즈 스튜디오는 뉴욕 브로드웨이 52번가에 있는 곳으로, 말론 브란도Marlon Brando, 폴 뉴먼Paul Newman. 제임스 딘James Dean 과 같은 기라성 같은 스타들이 거쳐간 곳이다. 그는 이곳에서 우연히 아직 신인이었던 마릴린 먼로Marilyn Monroe를 직접 보기도 했다.

이해랑은 실기 위주의 액터즈 스튜디오의 현장을 보며 적잖은 충격을 받았다. 액터즈 스튜디오의 수업 과정은 다음과 같다. 대본을 챙겨 온 배우들은 먼저 2~30분 가량의 연기를 보여주고, 그 후엔 리 스트라스버그를 중심으로 연기에 대해 다 함께 토론을 한다. 평등한 관계로 진행되는 토론은 수업이라기보다 워크숍에 가까웠다. 평등한 분위기에서 오가는 질의응답 속에 존재하는 이론의 깊이는 이해랑으로서는 탄복할 만한 것이었다.

"연극 전편을 다 하는게 아니고 어느 대목을 공부해 와서 그걸 시연하면 맨 앞에 자리한 리 스트라스버그를 중심으로 서로 질문하며 토론을 하고 있었다. 내가 일찍이

1999년 제71회 아카데미 공로상을 수상한 엘리아 카잔.

보지 못한 연극 연습 교정이랄까. 그것을 보고 '아! 이렇게 연극을 공부하는 것이구나'하고 통감했다. 왜 우리는 이렇게 공부하는 걸 몰랐었나, 해보지도 못 했던가 후회하기도 했다."[24]

그는 미국의 연극 교육 현장을 답사하며 우리 연극계의 낙후성을 절감함과 동시에 그들의 연극 세계에 충만한 진실성을 부러워했다. 이해랑은 그때까지 사실주의 연극이론의 출발지인 서구에서 어떻게 사실적인 무대를 만들어 가는 지에 대해선 실감한 바가 없었다. "연극은 실제보다 더 현실적이고 생생한 삶의 깊이를 보여주어야 한다"라고 주장해온 이해랑의 리얼리즘은 사실 일본 유학 시절 배운 이론과 공연 경험을 통해 개량된 것에 가까웠다.

뉴욕에서의 3개월은 그에게 새로운 충격과 동기부여를 제공했다. 그는 미국 연극계를 시찰하면서 스타니슬라프스키 Stanislavski(1863~138)의 메소드 기법이 적용된 연기 훈련과 앙상블을 중시한 가운데 연출자가 제작을 총괄하는 과정을 익힐 수 있었다. 그리고 액터즈 스튜디오에서의 교육 방식을 한국에서 적용해 보기로 결심했다. 이러한 배움과 다짐은 그가 향후 연출가로 더욱 성장하는데 밑거름이 되었다.

러시아의 연출가이자 배우인 스타니슬라프스키는 메소드 기법을 비롯한 사실주의 연극이론을 발전시켰으며, 그의 이론들은 오늘날의 사실적인 연기 방식의 원조이자 모범이다.[25]

영화의 유행과
연극의 위기

3개월 만에 귀국한 이해랑은 미국에서 배운 것들을 소개하고 실천할 생각에 부풀어 올라 있었다. 보통 무언가를 배우기에 3개월은 짧은 시간이다. 하지만 긴 시간이라고 무조건 대단한 경험이 있는 것은 아니다. 이해랑에게 있어서 뉴욕에서의 3개월은 생애에 다시없을 만큼 매우 밀도 높은 시간이었다.

 이해랑은 귀국 후 신협과 함께 '욕망이라는 이름의 전차'를 준비했다. 김동원과 백성희가 주연을 맡고 이해랑은 조연을 맡았는데, 미국의 신작인데다 포스터에 '국내 최초의 미국물 먹은 배우'라고 이해랑을 홍보한 덕인지 관객석엔 빈 곳이 없었다. 특히 연극의 주 소비층이었던 대학생들이 테네시 윌리엄스의 신작을 손꼽아 기다렸다. 이 공연에 이해랑이 미국에서 가져온 효과 음반을 이용해 기차 소리를 생생하게 표현하자, 관객들은 공연에 몰입할 수 있었다.

　　이 시기 이해랑은 '꽃잎을 먹고 사는 기관차', '계월향' 등의 창작극도 무대에 올렸으나 뉴욕에서 보고 온 아서 밀러Arthur Miller, 유진 오닐Eugene O'Neill, 프레드릭 노트 Frederick Knott와 같은 작가들의 작품이 잊혀 지질 않았다. 이에 그는 '느릅나무 그늘의 욕망', '뜨거운 양철 지붕 위의 고양이', '다이알 M을 돌려라'를 차례로 공연했다. 특히 '다이알 M을 돌려라'는 본격 추리극으로 대단한 긴장감을 조성했기에 관객들에게 인기를 끌었다. 그는 연출과 연기를 겸하면서 무척 바쁜 시간을 보는 가운데 후대를 양성하기도 했다. 특히 김규대라는 유망한 신진 연출자를 발굴하여 그에게 '세일즈맨의 죽음'의 연출을 맡기기도 했다. 김규대는 현대 비극의 고전이랄 수 있는 아서 밀러의 작품을 훌륭히 연출하여 스승을 기쁘게 했다.

　　미국에서 돌아온 이해랑이 승승장구만 거듭한 건 아니다. 일제강점기에 그랬듯 권력이 무대에 손을 뻗칠 때 공연은 뒤틀려지기도 한다. 이번엔 이승만을 미화한 연극 '풍운'이 그랬다. 이승만의 청년 시절을 소재로 한 작품으로, 마침 대통령 선거를 앞두고 있었기에 이 연극의 목적은 뻔했고 이해랑은 내키지 않았다. 하지만 공보처에서 제작비를 전부 지원해준 데다가, 무엇보다 이를 거절했을 경우 겪을 고생도 눈에 훤했다. '풍운'은 금전적 손해를 끼치진 않았지만 좋은 작품이 아니었고 무엇보다 순수한 예술작품이랄 수 없었다. 그래도 서울에서는 그럭저럭 관객들을 꽤 끄는데 성공했다. 문제는 인천 공연이었다. 첫 공연에 두 학교가 동원되어 2천5백 명이 오기로 예정되어 있었으나 약속된 관객의 절반도 오지 않았다. 학교는 방과 후 연극을 보러 가라고 안내했으나 대부분의 학생들은 영화관으로 가버린 뒤였다. 이해랑이 만난 학생은 "인천 사람들은 이승만 박사를 주인공으로 한 연극을 보려 하지 않는다."라고 충고까지 해줬다. 인천은 야당세가 강한 지역이라 이승만 미화극인 '풍운'을 외면하기도 했고, 동시에 이승만의 자유당이 서서히 지지세를 잃어버리기 시작한 때이기도 했다. 극단은 예정된 공연마저 포기하고 도망치듯 인천을 나왔다.

  그리고 미국에서 갈고닦은 이해랑의 연출 기술도 신협을 구해내기는 어려운 시절로 들어서고 있었다. 영화가 유행하면서 관객들이 연극 극장보다는 상영관으로 발길을 돌리고 있었다. 특히 이규환 감독의 '춘향전'과 한형모 감독의 '자유부인'이 대히트를 치면서 영화는 거대한 흐름이 되어가고 있었다.

'자유부인'에서는 신협의 김동원이 주연으로 열연하며 연극에 이어 영화에서도 인기스타 반열에 올랐다. "극장에 가자"는 말은 어느새 "영화를 보러 가자"는 뜻이 되어가고 있었다.

신협이 사라지다

이해랑은 사실 연극판에 다시 돌아온 뒤 금전적으로 그리 풍족해본 적은 없다. 그런데 이제는 영화 붐이 전에 없이 그를 더욱 벼랑으로 몰았다. 전쟁으로 황폐해진 서울의 문화시장을 영화와 공유하는 것도 모자라 그 경쟁에서조차 밀리고 있었다. 문화예술계에서 확고했던 이해랑의 명성과는 달리 집에서는 아내 김인순이 시아버지께 염치불구하고 손을 벌리는 일이 잦았다. 이해랑이 연극을 하며 생활비 걱정을 해보지 않은 때는 한국전쟁이 일어나기 전 국립극장의 시절 정도가 예외였다.

  전쟁 중 국립극장은 서항석을 2대 극장장으로 임명한 바 있다. 서항석은 유치진의 색채가 짙은 신협을 대신할 '민극'이란 극단을 조직, 대구에 남아있었으나 신협이 고전하고 있을 무렵 서울로 되돌아 왔다. 서항석은 록펠러 재단의 후원으로 세계일주 중이던 유치진을 대신해 연극계의 주도권을 쥐고자 하였으나 그도 영화로 인해 어려움을 겪고 있었다. 국립극장 연극배우들 다수가 영화판에 발을 들인 탓에 도저히 배우를 구할 수가 없었던 탓이다.

국립극장 측은 운영이 어려운 신협 배우들을 받으려 했다. 이해랑은 여기에 앙상블을 위해서라도 신협의 배우와 스탭진 전부를 받아들여야 한다는 조건을 걸었다. 이해랑은 이번에도 그답게 식구들의 생계를 챙긴 것이다. 결국 이해랑의 고집이 더 강했다. 하지만 그 댓가로 신협은 극단의 명칭을 양보해야 했다. 유치진의 색채를 지우고 싶어했던 서항석의 요구대로 신협이 '국립극단'이란 명칭으로 재탄생한 것이다. 이로써 기존 신협의 단원들은 생계를 보장 받았고, 서항석은 국립극장의 새로운 극단에서 유치진의 흔적을 지울 수 있었으니 일종의 거래였던 셈이다.

이해랑은 전쟁 중에도 지켜냈던 신협이 그대로 국립극장에 흡수된 꼴이 되자 무척 가슴이 아팠다. 하지만 그 덕분에 단원들이 매달 월급을 받을 수 있고 공연도 안정적으로 이어갈 수 있으니 다행이라며 스스로를 위로했다. 하지만 여행에서 돌아온 유치진이 난리를 쳤다. 그로서는 10년간 가꿔온

극단이 사라진 것도 모자라 서항석에게 넘어간 꼴이 된 것을 받아들일 수 없었다. 유치진은 이해랑에게 "세계 각국을 다니면서 한국에 신협이란 극단이 있다고 자랑을 했는데 이게 웬말이냐, 무슨 수를 써서라도 신협 이름을 되찾아 와라"며 격분했다.

이해랑으로서는 진퇴양난이었다. 유치진의 명분에 따라 끝까지 신협의 이름을 고집했다간 국립극장 밖으로 다시 쫓겨날 판이었다. 그랬다간 20여 명이나 되는 단원들의 생계가 다시 막막해진다. 단원들 역시 신협의 명칭이 사라진다는 점에는 무척 애석했으나 국립극장 소속으로 월급을 받는 생활에 안심하고 있었다. 결국 이해랑은 명칭 대신 단원들을 택했다. 그리고 신협의 명칭을 넘긴 책임자로서 국립극장을 그만두고 나왔다. 이해랑과 그의 아내는 다시금 부산 부친 댁에 손을 벌리는 처지가 되었다.

두 번의 외도

서울 지하철 3호선 홍제역 인근에는 문화촌이란 마을이 있다. 내려다보면 서울의 다른 동네와는 별반 다를 것 없는 평범한 마을이다. 열심히 걸어봐야 극장이라든가 음악장을 쉽게 만날 수 있는 동네도 아니다. 이 마을이 문화촌이란 이름을 갖게 된 데에는 놀랍게도 이해랑과 깊은 관련이 있다.

이해랑이 국립극장을 그만두며 가족들이 다시 가난의 회전목마에 올라탈 즈음, 정치권에서는 이승만 독재정권에 대한 국민 반감이 거세지고 있었다. 후계자 이기붕은 대중의 인기를 끌만한 정책을 생각해내야 했다. 그래서 이재학 국회부의장을 내세워 홍제동 일대에 14평짜리 국민주택을 짓고 예술인들에게 무료로 1백 세대를 지원하기로 했다. 이재학은 그 당시 명성이 높던 이해랑에게 그 일을 맡겨서 진행했다. 당시 홍제동은 마치 60년대의 강남처럼 논밭이었다. 그곳에 1백 채의 집이 들어선 뒤 이해랑은 문화인촌이라는 이름을 붙였다.

　　이해랑 내외는 새집이 생기자 신혼 시절부터 줄곧 살아왔던 돈암동 집을 팔았다. 그리고 생계를 위해 을지로에 있던 다방 '동방살롱'을 인수했다. 다방을 하면서 생활을 돌보고 연극할 기회가 생기면 언제든 다시 무대로 갈 생각이었다. 하지만 장사도 하던 사람이 하는 법이라 두 부부가 다방 운영을 수월히 하기는 무리였다. 더구나 다방에서 예술인들이 외상 커피를 마시며 장시간 머무는 바람에 안 그래도 어려운 장사는 더욱 난항이었다. 동방살롱은 1년여 만에 문을 닫아버리고 말았다.

　　이 무렵 그는 생경한 일을 자주 하게 되었다. 그중 하나가 영화였다. 줄곧 연극 외길만을 걸어온 그에게 어느 날 영화 제작자가 거액의 출연료와 함께 '낙랑공주와 호동왕자'의 출연을 제안해왔다. 동방살롱을 닫고 막막했던 차라 거절할 이유가 없었다. 하지만 영화는 연극과 달리 생소했다. 관객 없이 카메라 앞에서 연기하기는 어색한 일이었다. 얼마가지 않아 영화 연출도 한차례 맡게 되었다. '육체는 슬프다'라는 이진섭의 시나리오였다. 그는 연극 연출에는 익숙했지만 카메라를 '화자'로 다루는 데는 익숙하지 않았다. "실내 장면은 그런대로 감을 잡아 촬영할 수 있었는데 야외에만 나가면 카메라를 어디에다 놓아야 할지 막막할 뿐"이라고 실토하기도 했다. 신협 전원이 출연하는 조건이어서 이해랑은 다시 한 번 리더로서의 노릇을 할 수 있었으나 영화는 민망할 정도로 실패하고 말았다.

영화는 대량 복제와 공급이 가능한 만큼 자본주의 시대의 주도적 극예술이 되기에 적합했다. 그렇기에 영화시장은 전란 중에도 조금씩 성장하고 있었다. 하지만 이해랑은 실연實演되는 그 순간에만 존재하고 촛불처럼 사라지는, 연극의 생동성을 더욱 사랑하였기에 이후로 그는 외도 없이 연극의 외길을 걸었다.

문화촌에서 그의 경력이 표류하는 동안 박진이 찾아와 국립극장 복귀를 권유했다. 국립극장에 필요한 개성 있는 극단을 맡아달라는 요청이었다. 이렇게 신협은 재건되었으며 중견 연극인들이 참여하여 다시 안정적으로 연극을 해나갈 수 있었다. 국립극장의 두 극단, 신협과 민극은 '대수양', '빌헬름 텔'을 합동으로 올렸고, 이어 테네시 윌리엄스의 '뜨거운 양철 지붕 위의 고양이'를 신협 단독으로 공연했다.

월급 없는 극장장으로 예술원상을 받다

이 무렵 남산 기슭에는 드라마센터가 개관을 준비 중이었다. 유치진이 록펠러 재단의 후원을 받아 설립한 극장으로, 한국 건축계의 거장 김중업金重業이 설계를 맡았다. 공사 마무리 중에도 개관작인 '햄릿' 연출에 열심이었던 유치진은 신협 사건으로 인해 이해랑에게 서운한 감정이 남아있었던 차였다. 그러던 어느날, 이해랑은 드라마센터에 놀러갔다가 연출 없이 연습 중인 배우들을 보고는 누가 시키지도 않은 연출 지도를 하게 되었는데, 이 모습을 보고 유치진이 마음을 돌렸다. 이해랑도 유치진도 서로 서운한 일이 있어 외면했을 뿐 완전히 멀어질 수 없는 애증의 관계였다.

    이해랑은 얼마 후 극장장으로 와달라는 유치진의 요청을 받게 되었다. 모처럼 국립극장에서 안정된 생활을 하고 있었으니 이를 포기하고 떠나기 쉽지 않았지만, 첨단 시설을 갖추고 완공된 드라마센터에서 멋진 연극을 한 판 해보잔 생각에 마음이 움직이고 말았다.

허울만 좋을 뿐 기실 월급 한 푼 없는 명예직으로 자리를 옮기려는 남편을 보며 그의 아내는 또 깊은 한숨을 내쉬었다. 그 와중에도 이해랑은 의욕에 가득 차 있었다. 개관작 '햄릿'의 연출자로 유치진의 이름이 올라 있었지만 기실 이해랑이 나서서 완성시켰다. 피난지에서도 맡아본 적이 있는 만큼 그에게는 해볼 만한 작품이었던 것이다. 첨단 극장에서 화려하게 올려진 개관작 '햄릿'은 언론으로부터의 호평도 이끌었다. 개관 공연에는 박정희 최고회의의장과 김종필 중앙정보부장이 참석했는데, 이날의 인연은 훗날 이해랑이 이동극장을 운영할 때 큰 힘이 된다. 특히 부산 6관구 사령관이었던 박정희가 그 시절 부산시장이었던 이근용과의 친분으로 이해랑을 잘 알고 있었다.

이해랑은 드라마센터 두 번째 공연작인 '밤으로의 긴 여로'를 더욱 의욕적으로 준비했다. 특히 그는 연출과 주연을 맡으면서 연극인으로서 완숙한 단계에 이를 수 있었다. 유진 오닐의 대표작 '밤으로의 긴 여로'는 뚜렷한 사건이나 기승전결이

1962년 개관한 남산 드라마센터

없고, 그보다는 인물들의 내면을 전달하는 데 방점이 찍혀 있어 연출하기 어려운 작품이다. 이해랑도 "나의 연극 생활을 통틀어 봐도 '밤으로의 긴 여로'만큼이나 고통스럽고 난감했던 무대는 거의 없을 것 같다"고 회고했다.

창작의 고통이 치열했던 만큼 이 공연은 걸작이 되었다. 평론가이자 극작가 이근삼은 "크나큰 감명", "기록에 남을 공연"이라고 극찬했으며 평론가이자 영문학자 여석기도 "꼼꼼한 연습이 돋보였으며, 이렇다 할 큰 사건이 없는 무대를 두 시간 넘게 지루함 없이 이끌고 나간 솜씨와 그(이해랑)가 발산하는 극적 분위기는 당대 무류無類"라고 호평하였다. 이 성취는 예술원상 수상으로 이어졌다.

하지만 '밤으로의 긴 여로'의 작품성이 대단하다고 해서 드라마센터가 돈을 크게 벌어들인 것도 아니거니와 유치진이나 이해랑 역시 공연 외의 돈벌이에는 별로 재주가 없던 탓에 드라마센터는 적자 운영을 이어갔다. 결국 드라마센터가 개관한 지 1년도 되지 않아 유치진은 돌연 극장을 닫겠다고 통보했다. 이해랑은 있을 수 없는 일이라며 유치진을 어르고 달래 보았으나 소용없었다. 드라마센터는 적자를 거듭한 끝에 이미 전기세를 내기도 힘들 지경이었다. 그러던 추석 무렵, 가족에게

연극 '밤으로의 긴 여로' 한 장면

1963년 대한민국 예술원상 수상 후
아내 김인순 여사와 함께

면이 안 선 이해랑이 유치진에게 쌀 몇 되 값이라도 달라고 부탁했지만 유치진도 내어줄 것이 없었다. 이해랑이 국립극장에서의 안정을 포기하고 드라마센터로 옮긴 데는 유치진과의 깊은 유대감도 한몫했다. 그런 만큼 이해랑의 배신감은 컸다. 이제 드라마센터와 유치진을 떠나야 할 순간이 다가오고 있었다.

새로운 연극의
거센 물결

드라마센터를 자의 반, 타의 반으로 그만둔 뒤 이해랑은 간간이 강의를 나가고 있었다. 1960년부터 동국대학교 연극과의 전임강사를 하고 있어 월급이 전혀 없는 것은 아니었으나 그동안 늘어난 일곱 식구를 부양하기란 어려운 일. 은둔 생활이 길어지면서 이해랑은 절실히 깨달았다. 예술혼이나 작가정신도 결국 생계가 있고 나서의 일이라는 단순한 진리였다. 조금 더 일찍 깨달았다면 아내의 표정도 훨씬 밝았을 것이다.

이 무렵 과거 신협 동료들이 이해랑을 찾았다. 연극계의 거목이자 옛 지도자였던 이해랑의 은둔이 길어지고 있는 것에 대한 염려와 안쓰러움에서였다. 다시 모인 그들은 즉석에서 신협을 재건한 뒤 첫 공연으로 차범석의 '갈매기떼'를 올리기로 하였다. 제작비가 난항이었는데, 한국일보 설립자 장기영이 50

만 원을 흔쾌히 내어주면서 문제가 해결되었다. 장기영과 이해랑의 인연은 훗날 이동극단을 이끌 때까지 이어지면서 큰 도움이 된다.

재건된 신협의 '갈매기떼' 공연은 대호황이었다. 우선 연극계의 거두 이해랑의 연출인데다 신협의 배우들은 영화에서도 이름을 날리는 스타들이었으며 차범석의 희곡 역시 빼어났다. 여기에 더해 신협에 대한 향수를 가진 관객들도 적지 않았다. 특히 피난 시절을 기억하고 있는 지방공연에서의 호응은 더욱 뜨거웠다.

신협은 뒤이어 '어머니의 모습', '무지개'를 공연했으나 이해랑은 그 무렵부터 연극생활에 회의를 느끼기 시작했다. 60년대의 한국 연극계는 젊은 연극인들을 필두로 한 새로운 실험극들이 얼굴을 내밀고 있었다. 무르익지 않은 기법의 실험이 연극계에 유행하자 우려를 표하는 목소리도 적지 않았다. 희곡 번역가 오화섭(1916~1979)은 "신협이라도 본격적인 전통극을 해주었으면 한다."고 요청하였으나, 이미 신협의 독주는 끝난 지 오래였다. 제작극회, 실험극장, 동인극장 등이 번역극과 신인들의 창작극으로 젊은 관객들을 끌어들이며 연극계의 동향은 급변하고 있었던 것이다. 그 소용돌이 속에서 이해랑은 변화의 필요성을 느끼며 자신의 발로 신협을 떠났다. 처음으로 자의에 의한 탈퇴였다. 단원들 역시 신협의 수명이 다했다고 느끼고 배우 중 절반은 이미 드라마와 영화쪽으로 활동을 옮긴 상태였다. 이해랑은 자신이 구세대가 된 기분이었다.

이동극단 선언과 지원사격

이해랑은 서울 한복판 양반집에서 태어나 유복하게 자란 사람이다. 그런데도 그는 지방의 문화생활 향상에 관심과 애정이 유독 깊었다. 지방 문화진흥에 대한 그의 관심은 청년기부터 시작되었을 것이다. 여름방학을 이용하여 고국에서 순회공연을 다닌 도쿄학생예술좌 시절, 시골의 허름한 여관방을 뒹굴며 지방의 애환과 현실을 체험했고, 고협 시절에도 만주까지 순회공연을 다니면서 연극에 대한 지방 관객들의 갈증과 호응을 몸으로 느낀 터였다. 전쟁 중에 문예중대를 이끌며 받은 피난민과 군인들의 환호 역시 뚜렷이 기억하고 있었다. 그는 서울에만 갇혀 있는 연극 문화를 지방으로 확대하고자 하였다. 하지만 아직은 도통 방법이 떠오르지 않았다. 그는 동국대에서 학생들을 가르치며 느낀 바에 대해 다음과 같이 회고했다.

"상아탑의 지식을 할 일 없이 놀리는 게 못마땅해 기회 있을 때마다 농촌 문화의 개척자가 될 것을 당부했으나 도무지 탁한 서울을 벗어나려 하지 않았다. 이들에게 시골이 지닌 슬픔과 애향심을 눈으로 직접 보게 해주고 싶었다."[26]

이해랑은 생각을 다듬어 1965년, '이동극장운동을 제창한다-국민연극 진흥을 위하여'[27]라는 칼럼을 발표한다. 이 글에서 그는 "현재 연극은 불과 3~4백 명의 객석을 가진 소극장에서 살고 있을 뿐"이며, "소수를 위한 연극에서 탈피하여 국민 속으로 들어가 공동체의식을 발견할 수 있는, 다수를 위한 연극 형태로 방향을 바꿀 수는 없는지" 의문을 제기한다. 그리고 "오늘의 문화가 도시에 편재하여 소수의 도시인에게만 독점되어 농어촌과 광산을 저버리고 있다는 것은 큰 문제"라고 주장했다.

이어 그는 이동극단의 다섯 가지 부차적 실천 방안과 효용도 명시했는데 첫째, 개막 전 주최자 인사를 통해 사회 현상을 알려주며 '살아있는 신문'의 역할을 한다. 둘째, 개막 후 극단원과 관객들이 애국가 등을 제창하며 애국심을 고취한다.

셋째, 노래자랑 시간을 마련하여 시골 관객들이 스스로 흥을 돋우며 노동에서 오는 피로를 잊게 한다. 넷째, 관극하러 모인 마을 사람들의 친목을 도모하며 마지막으로 일선 장병들의 위문을 겸한다는 것이다.

이동운동극장에 대한 이해랑의 글에는 '연극은 관객과 함께 숨쉬어야 한다'는 그의 연극 철학이 오롯이 녹아 있다. 그가 구상한 이동극단은 그간 연극계로부터 외면 받았던 시골 관객들에게 공연을 제공하자는 최우선 목표가 있었다. 거기에 극단과 관객이 함께 마을 주민의 친목을 도모할 계획과 일선 장병들의 마음을 위무한다는 애국적 목적까지 겸비하고 있었다.

구상은 끝났으나 실천이 문제였다. 배우들은 동국대학교 연극학과 학생들로 구성할 수 있었지만, 이동 수단이나 각종 비용을 마련하기가 난항이었다. 그래도 우선 동료 교수인 무대미술가 김정환에게 이동극장의 디자인을 부탁하였다. 이해랑의 요구 조건은 매우 디테일하고 효율적이었지만 디자이너에게는 보통 까다운 일이 아니었다.

우선 대형 버스가 이동, 숙박, 식당, 분장실 등 여러 역할을 해주어야 한다. 또 대형 버스 양옆으로는 설치와 해체가

간편한 간이 무대의 자리가 있어야 하고, 배우들이 버스에서 바로 등퇴장할 수 있도록 했으면 좋겠다는 것이다. 그런데 김정환이 깐깐한 요구에 맞춰 이동극단 버스의 디자인은 완성하였으나 막상 이를 만들 제작비와 운영비는 여전히 오리무중이었다. 결국 이동극단은 구상으로만 남은 채 아무것도 진행되지 못하고 3년을 보냈다. 이때 마침 김종필과의 인연이 큰 힘을 발휘했다.

외유를 마치고 돌아온 정치인 김종필과 가진 자리에서 문화예술이 주제가 된 참에 이해랑은 이동극장에 관한 이야기를 건네자 김종필은 이해랑의 계획이 아주 멋지다며 후원을 약속했다. 그리고는 공화당 의장에 복귀하자 대형 버스와 소형 사령차, 그리고 운영 경비를 제공하며 자신의 약속을 지켰다.

제작·운영비 문제가 해결되자 그다음은 홍보가 문제였다. 이동극단이 아무도 없는 시골마당에 덩그러니 서 있을 수는 없는 노릇이다. 이해랑의 이동극단 구상이 오발탄으로 그치지 않으려면 공연 정보를 열심히 알려야 했다. 이해랑은 신협이 재건됐을 때 인연이 있던 한국일보 장기영 사장이 떠올랐다. 장기영은 이해랑의 요구를 단숨에 수락하고 이해랑의 이동극단을 한국일보 주최 행사로 삼아 홍보 기사와 포스터 등을

**이해랑의 이동극장 차량 및
간이 무대**

지면에 실어주었다.

이해랑의 이동극단 준비 과정은 하나의 기획이 완성되기까지 개인의 능력과 아이디어도 중요하지만, 요소요소마다 적절한 도움 역시 필수라는 사실을 보여준다. 이동극단의 개념과 그 구상은 이해랑이 오롯이 해낸 것이지만, 이동극단 버스의 무대를 디자인해준 김정환 교수, 제반 경비와 차량을 제공한 김종필, 홍보를 맡아준 장기영이 없었으면 결코 성공할 수 없었을 것이다. 물론 그들이 이해랑의 요청에 선뜻 나섰던 데에는 불편을 감수하며 배우들을 가족처럼 챙겼던 이해랑의 성품을 인정했기 때문이 아닐까. 이해랑이 아무리 능력있다 해도 내키지 않는 사람이었다면 굳이 누가 나서서 도와주겠는가.

민중 속으로,
관객 곁으로

김종필에게 지원받은 대형버스가 김정환의 설계대로 착착 완성되는 가운데 유흥렬·이창구 등 동국대 연극학과 제자 몇 명과 신문 광고로 모집한 배우들을 합쳐 22명의 단원을 확보했다. 한국일보 덕에 이동극단 버스는 홍보에 대한 염려 없이 도로에 나설 수 있었다.

이해랑 이동극단의 첫 번째 작품은 이진섭의 '오해 마세요'였다. '오해 마세요' 역시 계몽적인 메시지를 담은, 웃으며 볼 수 있는 작품이었다. 이동극단의 공연에 대해 이해랑은 "낮에 대자연을 배경으로 햇볕을 직접 쬐며 하는 공연에서는 비극적인 정서를 이끌어 낼 수 없기 때문에 부득이 레퍼토리를 희극으로 택했다"며, "한 번 공연에 2~3만 명씩 몰려드는 관객을 상대로 도저히 차분한 연극을 할 도리가 없었기 때문에 경쾌한 웃음을 주는 작품을 선정했다"라고 밝힌 바 있다. 그의 연기 철학과 맞지 않아도 이동극단이라는 무대에 가장 어울리는 레퍼토리를 선정한, 연출자로서 이해랑의 유연성이 돋보이는 대목이다.

　1966년 8월 12일, 이해랑 이동극장이 드디어 개막했다. 강원도 청평과 가평에서 낮 공연과 저녁 공연이 연이어 열렸다. 첫 공연을 강원도로 잡은 것은 강원도가 교통과 문화면에서 가장 낙후되어 있기 때문이었다. 지방민들의 반응은 예상보다도 훨씬 뜨거웠다. 청평에서는 1,500명, 가평에서는 1만 2,000명이 이동극장의 공연을 보러 왔다. 이후로 사창, 화천, 춘천, 양구, 양덕원, 홍천, 인제 등 총 32곳의 지역과 군부대 5곳에서 열린 공연에 모두 18만 6,000명의 관객이 이동극장 버스 앞에 모여들었다.

　해당 시와 군민들이 전부 모였나싶은 정도의 숫자다. 유민영은 여기에 두 가지 이유를 제시하는데, 첫째는 지역민들의 연극에 대한 갈증이 그만큼 컸다는 것이다. 둘째는 민관의 협조다. 홍보를 맡은 한국일보 광고부장이 공연 직전에 와서 직접 사진을 찍었고 영업부 1명을 이동극단과 동행시키기도 했다.[28]

이동극장 공연을 보기위해 모인 관중

첫 번째 순회공연은 그야말로 대성공이었다. 단원들은 지쳐있었지만 극단 버스는 쉴 새 없이 2차 공연을 위해 출발했다. 1차 공연 일주일 뒤 9월 11일부터는 경기도와 충청도를 순회하며 44개 지역에서 31만 3,500명의 관객을 불러 모았다. 잠깐의 휴식기를 보내고 떠난 3차로 떠난 전라도에서도 50회 공연에 26만 2,900명의 관객이, 또 2주 휴식 후 이어진 경상도 순회공연에서는 46회 공연에 12만 3,200명의 관객이 이해랑 이동극장을 보러 왔다. 경상도에서의 관객 수가 적은 이유는 공연이 12월에 열린 탓이다.

이해랑 이동극장은 4번의 순회공연에서 177번을 공연하며 100만 명에 가까운 관객에게 연극을 선보였다. 천만 관객이 들어서면 대성공한 영화라고 하는데, 영화야 찍어둔 필름을 반복 상영만 하면 된다지만 매번 처음부터 실연해야 하는 연극을 177번 상연하여 100만 이상의 관객을 동원했다는 점, 그것도 극단이 각 지역의 관객을 직접 찾아가 무료로 선보였다는 점에서 이는 어마어마한 업적이 아닐 수 없었다. 이해랑 이동극장은 어쩌면 예술활동이라기보다는 육체노동에 가까웠다. 매번 버스나 여관에서 쪽잠을 자며 이동과 공연을 반복하는 단원들의 고생은 대단했지만 지방 문화에 기여한다는 점에서 보람이 있는 일이었다.

    이동극장의 대성공으로 이해랑은 전국적으로 유명인사가 되었다. 그 활약 덕분인지 첫해 순회공연이 모두 끝나자 이해랑은 한국예술단체총연합회의 회장으로 선출되었다. 예총은 문학, 음악, 미술, 연극, 영화 등 10개의 협회를 거느린 거대한 문화예술 단체이다. 지방을 돌아다니며 지방 문화의 열악함과 문화 활동에 대한 지방민들의 열망을 직접 확인한 이해랑은 더욱 사명감에 불탔다.

    고된 이동 생활은 이듬해 1967년에도 이어졌다. 한국일보는 1967년 사보를 통해 이해랑 이동극장이 6월 8일부터 조치원을 시작으로 2회 순회공연을 시작함을 알렸다. 작품은 박진의 '노랭이 아저씨'로, 지방 연극 팬들의 "생활의 주름살을 펴줄 것"이라는 예고와 이동극장의 경로까지 지도로 실었다.[29] 이동극장은 구석구석을 돌며 2개월간 강행군을 돌았다. 아마 배우들은 '노랭이 아저씨'의 대사가 구구단 외우듯 튀어나왔을 것이다. 이번에도 이동극장이 간이 무대를 편 공터는 인산인해였다.

    이해랑 이동극장은 3년째에도 시동을 걸었다. 1968년엔 황유철의 '중매합시다'를 들고 전국의 관객들을 만났다. 이로써 3년간 4백만 명의 관객을 동원했고 지방 관객들은 이해랑 이동극장의 단골이 되어 갔다. 1969년 박진의 '벙어리 냉가슴 앓지 마세요', 1970년 박진 각색의 '그러지 말고 잘 살아봅시다', 1971년 박진의 풍자극 '화내지 마세요'가 전국의 관객들을 찾았다. 이렇게 6년간의 지방 순회공연으로 이해랑 이동극장은 막을 내렸다.

이해랑 이동극장의 극장의 의미는 어디서 찾을 수 있을까. 유민영은 이동극장 운동이 연극계, 나아가 문화계의 주도권을 이해랑이 다시 끌어오는 효과가 있다고 보았다. 이해랑 중심의 신협은 한국전쟁 시기부터 연극사의 주도적 위치에 있었다. 하지만 차츰 사회가 안정되면서 새로운 극단의 대두, 영화의 유행에 따라 신협은 그 힘을 잃어가고 있었다. 특히 실험적인 극양식이 등장하면서 리얼리즘을 앞세운 이해랑의 연극은 구세대의 것처럼 여겨지고 있던 찰나에 이동극장 운동은 일종의 승부수였고, 이게 적중하여 예총 회장직이나 국회의원직도 덩달아 따라왔다는 것이다.

유민영은 다음과 같은 이유에서 이해랑의 이동극장 운동이 연극사적으로도 매우 중요하다고 보았다. 첫째, 수도권에 인구의 절반과 대부분의 문화시설이 집중되어있는 당시에 지방은 무척 열악한 문화 환경에 처해 있었는데, 이해랑의 이동극장 운동은 지방의 문화 환경이 다시 움틀 수 있는 단초를 마련했다. 둘째, 이동극장은 관객을 기다리는 수동적 자세에서 벗어나 찾아가는 공연을 함으로써 연극의 사회적 기능을 다시금 고민하게 했다. 셋째, 이동극장은 공터를 극장 삼아 관객과 교감하는 형식으로 70년대 마당극 운동의 활로를 열어 놓았다.[30]

이해랑은 리얼리즘의 선구자로서 마당이라는 공간은 극적 환상이 허물어지기 쉬운 공간이라는 걸 누구보다 잘 알고 있었다. 그런 까닭에 이동극장 운동에서는 이해랑의 행동력 못지않게 유연한 사고가 돋보인다.

6장

함께하는
연극을
꿈꾸며

예총회장의 분투

한국 연극은 개화기부터 권력으로부터 자유롭지 못했다. 일제 강점기의 검열과 국책극은 물론이고 70년대의 공연법, 새마을 운동 시대의 검열 정책이 대표적인 예다. 이는 자연스러운 현상일지도 모른다. 연극학자 이상란에 따르면 연극은 생산, 유통, 수용 과정에서 집단성과 조직성이 요구되기에 사회성을 강하게 지닐 수밖에 없기 때문이다.[31] 권력의 입장에서는 연극과 같이 집단성이 강하게 요구되는 문화적 기구는 필히 다스려야 할 목소리이다.

  권력의 손길이 항상 검열이나 공연불가 판정 같은 엄벌로만 미치는 건 아니다. 정부의 주도로 이루어진 문화 정책으로 지원을 받는 '우수한' 작품들은 사실 권력의 취향과 아주 무관할 수 없기 때문이다. 그렇다고 연극의 모든 주체가 손쉽게 굴복되거나 권력에 동화되는 것은 아니다. 때때로 극장은 투쟁의 장소가 되기도 했다. 사전 검열이 가장 엄격했던 70년대에 심의 과정에서 반려되는 희곡이 늘어났다는 사실이나 현실을 비틀어 표현한 실험극이 증가한 것도 그러한 투쟁의 결과들 아닐까.

이해랑도 오랫동안 연극을 하며 종종 권력의 눈길을 뒤통수로 느끼고, 때로는 직접 맞닥뜨리며 살았다. 도쿄학생예술좌 시절 별다른 사회의식도 담지 않은 대본이 공연불가 판정을 받았던 일이나, 동료들이 원치 않는 친일극을 해야 했던 상황이 그렇다. 하지만 권력의 도움을 받은 일도 있었다. 한국전쟁 당시 민예중대를 조직하여 단원들을 보호하고 연극을 계속할 수 있었던 것은 장성들의 도움이 있었기 때문이었다. 이해랑 이동극단 역시 김종필의 도움이 아니었다면 어림도 없었다. 즉 그는 연극을 하는 내내 권력이 얼마나 연극에 큰 영향을 끼치는지를 자연스럽게 깨닫고 있었다.

이해랑에게도 연극 무대를 넘어 연극계 혹은 문화예술계에 힘을 끼칠 기회가 찾아왔다. 이동극장이 한창 종횡무진하고 있을 때, 그 공로를 인정받아 이해랑은 압도적 표차로 한국예술단체 총연합회 회장에 당선된 것이다. 이해랑은 정책에 따라 예술이 발전할 수도, 퇴보할 수도 있음을 현장에서 실감하고 있었고, 특히 이동극장을 통해 지방의 열악한 문화 환경도 목도한 뒤라 6대 회장으로 취임하자마자 예총 회장직을 제대로 이용 해보기로 한다.

　　이해랑은 이 귀중한 기회를 발판으로 무언가 뚜렷한 일을 하고 싶었고, 책임자로서 일에 대한 욕심이 너무나 강했다.[32] 그가 예총 회장으로서 벌인 초기 사업 중 하나는 바로 '지방 문화예술 순회 세미나'이다. 지방에서 연극을 하고자 하는 이에게 레퍼토리 선정이나 연출, 연기 방식 등을 가르쳐 주는 것으로, 구체적인 실천 과정에서 어려움을 겪는 예술인은 누구나 예총 연극협회로 연락하여 도움을 구할 수 있도록 했다. 이는 이동극장이 구상된 이유였던 지방 예술의 향상이라는 취지와도 맞닿은 것이었다.

　　그는 7회 예총회장 선거에 연이어 당선되었다. 이해랑 이동극장의 성과가 연속성을 지닌 만큼 이에 대한 지지가 압도적인 투표로 이어진 것이다. 연임하는 가운데 이해랑은 예술인마을 사업을 구상했다. 본인은 가난하게 연극을 해 왔지만 그래도 본가와 처가의 도움이 있었기에 와룡동이나 돈암동, 후에는 운 좋게 문화촌에 집 한 칸을 마련할 수 있었다. 반면 동료

중에는 머물 방조차 없는 경우를 숱하게 봐온 것이다.

　　예술인 마을 구상에는 이해랑의 인맥도 중요한 역할을 했다. 당시 서울시장 김현옥은 이전에 부산시장을 했던 인물로, 역시 부산시장을 역임했던 부친 이근용을 매개로 둘은 쉽게 가까워졌다. 김현옥 시장과 돈독한 관계를 유지하던 이해랑이 예술인 마을 계획을 언급하자 김시장은 흔쾌히 허락하며 서울 외곽 지역 중 알맞은 곳을 찾아보라고 말했다. 이해랑이 예총 회원들과 서울 외곽을 탐사하던 중 관악구 사당동이 눈에 들어왔다. 지금이야 교통의 요지로 항상 차와 사람이 붐비는 시가지이지만 그때는 도로조차 없는 공동묘지 땅이었다. 이해랑은 서울시로부터 1차분으로 3만 3천 평의 대지를 받아 집을 짓기 위해 땅을 다지고 입주자를 받기 시작했다.

　　그런데 시작부터 회원들의 불만이 쏟아져 나왔다. 입주 선발자의 기준 때문이었다. 예총이 제시한 기준에 따르면 입주 지원자는 예술 분야 종사 15년 이상에 100만원 이상의 재산을 갖고 있어야 했다. 하지만 회원들의 입장에선 이 기준이 애매했던 모양이다. 회원들은 제각각 불만을 쏟아냈다. 이해랑은 이때를 다음과 같이 회고했다.

"온갖 구설수가 나도는가 하면 해당자 선발을 둘러싸고 잡음이 꼬리를 물었다. … 한바탕 북새통을 치른 후 해당자를 선발했으나 선뜻 돈을 내려들지 않고 악담과 불평불만만 쏟아냈다. 그런가하면 일부 돈을 치른 자는 미처 공사도 끝나기 전에 왜 불하하지 않느냐고 동동댔다. 이런 자체 소란 외에도 공사 진척에 따른 말썽은 실로 부지기수였다. 개간 공사로 물줄기를 막자 이웃 농토의 아우성이 빗발쳤고, 측량 미스로 남의 땅을 침범해 받은 항의며, 도장 위조 매각 사건, 각종 공사 속임수 등 연극 무대에만 살아온 내게는 모든게 기막힌 현실들이었다."[33]

예술인들에게 비교적 저렴하게 주택을 제공하고, 예술인들이 서로 이웃으로 도와가며 사는 예술인촌을 만들자는 이해랑의 구상은 사실 이상주의에 다름 아니었다. 이 시기 이해랑은 토지 분쟁, 업무 분쟁, 신분 사기 등 예술만 알고 살아온 사람이 겪기에는 너무나 다양한 종류의 문제에 복합적으로 휘말렸다. 하지만 이해랑은 이를 악물고 버티고 또 버텨 사업을 시작했다.

입주민 선발이 끝나자 이번엔 젊은 예술인들의 항의가 이어졌다. 젊은 예술가들은 15년이란 기준이 어떻게 정해졌는지, 예술 활동에서 질적인 것을 외면하고 경력만 인정하는 것이 말이 되느냐 하고 따졌다. 그 기준에 따르면 신진 예술가들에겐 아예 기회조차 없기 때문이었다. 하지만 서울시로부터 토지를 추가로 불하 받기엔 서울시의 사정도 여의치 않아 대신 시영아파트로 지은 5층 아파트 3동을 받고, 이것으로 겨우 젊은 연극인들을 진정시킬 수 있었다.

이해랑은 8회 예총 회장에도 당선되면서 예술인 마을 앞에 젊은 예술인들을 위한 150세대 아파트 건축도 착수했다. 그리하여 예술인 마을 사업은 어느 정도 구색을 갖추었다고 자평할 수도 있겠으나 후일을 살펴보면 이 사업은 실패에 가까웠다. 그토록 힘겹게 마련한 마을에서 예술인들은 대부분 집을 판 뒤 떠났고 훗날 사당은 경기 남부로 향하는 시외버스들의 집결지가 되었다.

이후 이해랑은 10대 회장까지 연이어 당선되었다. 하지만 횟수가 거듭될수록 반대파의 목소리도 커져갔다. 그가 국회의원을 목적으로 예총회장직을 수행한다는 비난이었다. 왕가의 후예였던 그의 운명 때문일까? 이해랑은 말년에서야 관직복이 한꺼번에 쏟아졌다. 1971년부터 예총 회장 이해랑은 국회의원직까지 겸하게 되었고 이 때문에 동국대를 잠시 떠나야 했다.

국회는 정신없는 동네

연극 외길 인생에 국회의원이 갑자기 무슨 소리인가. 사실 이해랑은 1971년부터 국회의원직을 겸하고 있었다. 평소에도 후배 연극인들에게 "연극인은 연극인다워야지, 연극을 발판으로 다른 일을 하려 들면 안된다"고 종종 말해온 걸 생각하면 물론 어불성설이었다. 그렇다고 이 기간 그가 온전히 권력가로 외도한 것으로 이해해선 곤란하다. 국회의원이 되어도 이해랑은 계속해서 연극에 한 발을 담그고 있었다. 그는 국회의원 시절에도 꾸준히 연출을 맡았고, 이해랑 이동극장이 활발히 전국을 누비던 기간도 그가 국회의원을 겸하던 시기와 일부 겹친다. 사정이 이렇게 된 이유는 그의 국회 입성이 자의가 아니었기 때문이다.

그가 처음으로 정치계와 인연을 맺기 시작한 것은 1962년부터다. 이해랑이 국립극장을 박차고 나와 월급 없는 드라마센터의 극장장으로 있을 때, 개관작 '햄릿'을 관람하러 박정희와 김종필이 찾아온 일이 있었는데, 이해랑을 정치판에 본격적으로 끌어들인 사람은 김종필이었다.

김종필과의 진정한 첫 만남은 신협을 재건하고 올린 '무지개' 공연 뒷풀이에서였다. 당시 5·16 군사혁명 세력은 민간이양에 앞서 정당을 조직하고 있었고, 젊은 리더였던 김종필은 공연 뒷풀이 자리에 참석하여 이해랑에게 민주공화당의 창당 발기인이 되어 달라고 요청했다. 이후 사무실을 방문해보니 정치와 종교, 경제 등 각 계층의 인사 20여 명이 모여 있었다. 김종필이 동석자들에게 새로운 정당의 활동에 참여를 요구했고 그 자리에 있던 이해랑도 자연스럽게 가담하게 된 것이다.

애당초 이해랑은 정치에 관심이 없을뿐더러 따로 그런 목소리를 낸 적도 없었다. 다만 이해랑이 김종필의 레이더에 들어간 것은 연극계에서 다져온 이해랑의 능력과 명망, 왕족 집안으로 부산시장까지 지낸 아버지의 이력 등 그의 집안 내력까지 관찰한 결과가 아닐까 짐작한다.

당연히 이해랑의 이런 행보에 대해 예술계의 부정적 여론은 거셌다. 하지만 이해랑은 현실참여 없이는 문화계의 고질

국회의원 시절의 이해랑

병인 가난을 퇴치할 수 없다고 보았다. 특히 드라마센터를 그만 둔 후 가난을 재차 삼차 겪으면서 빵 없는 예술은 힘이 없음을 실감한 뒤였다. 의외의 기회였지만 찾아온 만큼 이를 기반으로 예술계의 권익 강화에 나서보자고 생각한 것이다.[34]

그는 1971년 제8대 국회의원 선거에서 민주공화당 전국구 국회의원으로 뽑혔다. 지금이야 배우나 연예인 출신의 정치인이 드물지 않게 보이는 시대지만 이해랑의 국회 진출은 그때로서는 획기적인 사건이었다. 그러나 뱃지를 달았다고 이해랑의 생활이 크게 달라지지는 않았다. 의정 활동보다는 극단에 있는 시간이 훨씬 길었다. 국회의원으로 뽑힌 직후인 6월에도 그는 이동극장과 함께 충남북 일대를 순회하러 떠났다. 이왕 맡은 일이니 국회에도 성실히 참석하려고 했으나 천생 연극인인 그에게 국회는 그야말로 딴 세상이었다.

"국회의원이 인생행로에 도움이 된 것도 없고 배운 것도 없습니다. 그 동네에 들어가면 무엇이든 체계적으로 생각할 수가 없더군요. 정당 간의 대립과 싸움에 휘말려 정신을 차릴 수가 없었습니다."[35]

이해랑은 국회의원이 되어서도 주로 예술가 친구들과 만났다. 그가 국회의원으로서 한 일 중 하나는 예술인들의 의견을 모아 김종필 등 공화당의 권력자들에게 전달하는 일이었다. 또 하나는 문화예술진흥법 제정을 선도한 일이다. 문화예술진흥법은 그가 의회에 진출한 뒤 1년 뒤인 1972년 가을에 통과되었다. 그는 주요 시책을 심의하는 문화예술진흥위원회 설치와 한국문화예술진흥원을 설립하는데 큰 역할을 했다.

그러는 사이 이해랑은 1974년 유신헌법이 제정되자 박정희의 친위조직에 가까운 유정회 의원으로 9대 국회에 진출했다.[36] 이에 대한 비판도 엄연히 존재했다. 박정희 정권은 강도 높은 검열 정책인 공연법을 통해 연극계를 옥죄었기 때문이다. 하지만 한 가지 변호해 볼 만한 여지가 있다면, 이해랑으로서는 선택의 여지가 없었다는 정도 아닐까싶다. 절대 권력자인 박정희의 요청, 사실상 '임명'을 거절했다면 앞으로의 연극 활동은 물론 일상생활까지 극한의 곤궁에 처했을 것이 불보듯 뻔했기 때문이다. 사심이 없음을 증명하듯 이해랑은 박정희의 절대 권력이 아직 공고했던 1977년, 유정회 국회의원직이 종료되자 아무런 미련도 없이 정계를 은퇴하였다.

고향으로 돌아오다

예총회장과 국회의원을 역임하는 일은 그에게 자기충족의 방편이었던 것도 같다. 왕가의 자손으로서 집안에 의사나 의전관, 시장 등 엘리트들이 즐비한 반면, 그는 언제나 광대에 불과했다. 벌이나 살림도 형편없었다. 국립극장 시절을 제외하면 부친에게 손을 벌려야 할 때가 많았다. 동국대 교수로 임명되고 나서야 일곱 식구가 밥걱정을 덜었을 뿐이었다. 그런 그에게 국회의원직과 예총회장직은 사회적 지위에 대한 갈망을 충족시켜주는 방편이기도 했던 것이다.[37]

그러나 국회의원직은 그러한 충족도 소용없을 정도로 고독함을 안겨주었다. 국회의원이 되어서도 예전처럼 서정주·김동리 등 문화예술계 친구들을 자주 만났지만 많은 사람들이 그를 다른 사람 보듯 했다. 정치인이라는 신분이 예술인들에게 너무 이질적이었던 것일까. 예총회장으로 일하는 동안에도 그의 구상은 노력을 인정받기보다 불만의 목소리로 돌아오는 경우도 많았다. 그는 국회의원직이든 예총직이든 이제 더는 아무 상관도 없었다. 어서 바삐 본업으로 돌아오고 싶었다.

1978년 국회의원 임기가 끝나자마자 이해랑은 동국대학교 연극학과에 돌아왔다. 4월에는 여느 때처럼 국립극장에서 연출을 맡았다. 작품은 토마스 울프의 소설을 원작으로 한 '천사여 고향을 보라'였다. 주인공 유진 겐트는 가족의 갈등과 형의 죽음을 목도한 후 고향을 떠났지만, 이해랑은 이제 세상의 탁류에서 벗어나 다시 고향으로 돌아온 것이다.

연극은
관객과 함께
숨 쉰다

이해랑과 동국대의 첫 인연은 1960년에 시작되었다. 연극학과 전임강사에 임용된 이해랑은 후학 양성에 본격적으로 나섰다. 극단에서 유망해 보이는 신인들에게 연기와 연출 기술을 전수하기도 했던 그가 이제는 강단에서도 본격적으로 영향력을 미치게 된 것이다. 그는 1971년 국회의원이 되면서 떠났던 강단으로 1978년에 돌아와 1981년까지 제자들을 가르쳤다. 그가 있을 당시 동국대 연극학과는 이해랑·유치진·이진순·장한기·안민수·김흥우 등의 교수진을 갖춘 드림팀이었다.

    그가 강단에서 학생들에게 가르친 것은 늘 그렇듯 기초의 중요성과 연극에 대한 진실한 마음가짐이다. 제자 이경규(코미디언)는 이해랑 교수로부터 시간 약속의 중요성을 배운 뒤 가슴에 새기고 한 번도 녹화 현장에 늦지 않았다 한다. 이해랑은 수업시간 외에도 학생 한 명 한 명 관심을 갖고 따로 시간을 내 조언을 하기도 했는데, 이해랑에게 사사 받은 유명 연출가 장두이가 남긴 이야기가 있다.

연극에 완전히 매료된 청년 장두이는 고려대 국문학과를 졸업한 후 동국대학교 대학원 연극학과에 입학한다. 1977년 가을, 수업이 있는 날이면 근처 장충공원을 한 바퀴 돌곤 했는데, 장충공원에서 국립극장으로 올라가고 있던 이해랑을 마주쳤다.

"학교 올라가니? 요즘 연습은 잘돼?"

"열심히 하고 있습니다."

그 대답이 영 시원찮았는지 이해랑은 그의 손을 잡고 장충 공원 벤치에 앉았다.

"연극하기 힘들지? 하지만 더 어려운 건 작품 분석이야. 그 속은 망망대해거든. 마치 양파 껍질을 끝없이 벗겨내는 일 같지."

"연극이 다른 예술보다 더 어려운 건 무엇 때문인가요?"

"종합예술이기 때문이지. 연극엔 문학이 있고, 시각적인 무대장치는 물론 의상, 조명, 분장과 같은 회화적인 요소에다 음악, 배우의 대사, 음향 같은 청각적인 요소도 있어. 또 살아 있는 율동과 액션의 무용적인 면이 포함되어 있거든. 그뿐인가, 현장에서 생생하게 관객이 함께 숨 쉬고 있어. 그래서 이 어려운 연극에 한번 빠져들면 못 벗어나는 거지."[38]

단순하면서도 연극이라는 예술형식이 지닌 특징을 명료하게 압축한 설명이다. 이 짧은 답변 속에 종합예술로서 연극을 구성하는 원소들이 빠짐없이 들어 차 있다. 이 짧은 문답에서 가장 주목되는 것은 이해랑이 연극을 관객과 함께 만드는 것임을 강조하고 있다는 점이다. 이해랑의 연극론에는 리얼리즘이 그 중심에 있기 때문에 그가 관객의 능동성을 중시했다는 사실은 크게 주목받지 못했다. 하지만 그는 일찍부터 다음과 같이 썼다.

"연극예술에는 다른 예술에서 찾아볼 수 없는 두 가지의 특이한 점이 있습니다. 하나는 연극의 상연은 집단의 힘으로 이루어진다는 것, 또 하나는 연극 상연의 기본적 요소가 배우라는 것입니다. 집단의 힘으로 이루어진다는 뜻은 연극은 다른 예술과 같이 단일한 예술적 수단에 의하여 이루어지는 것이 아니고 여러 가지 예술 형식의 종합으로 이루어진다는 것입니다. 즉 극작, 장치, 의상, 조명, 효과, 음악, 그리고 연출과 배우들이 각기 각자의 예술적 역량을 다 함께 연극 생산에 이바지하므로써 이들의 종합으로 연극은 이루어진다는 것입니다.(중략)

불을 둘러싸고 그들이 체험한 사냥 이야기를 하며 그 사건의 재현을 다시 보고 싶어 하는 사람들 가운데서 배우는 나옵니다. 즉, 배우는 군중-관객 속에서 태어나는 것입니다. 관객 여러분은 배우를 낳았을 뿐 아니라 또한 배우와 같이 간접적으로 연극을 창조한다는 점에서 배우와 다름없습니다. 여러분이 배우라는 말입니다. 다시 말씀드리면 여러분은 단순히 연극만을 보는 사람이 아닙니다. 구경꾼이 아니란 말입니다. 우리는 배우가 없는 연극을 생각할 수 없듯이 관객이 없는 연극을 상상할 수가 없습니다. 여러분이야말로 연극 창조에 있어 배우 다음가는, 아니 어느 의미에서는 배우 그 보다도 더 중대한 역할을 하는 연극의 결정적인 창조 요소인 것입니다."[39]

이해랑은 관객을 단순히 "열심히 보는 사람"으로 치부하지 않았고, 나아가 능동적인 의미의 생산자로 보았다.

"연극의 예술적 생명의 존립은 어디까지나 관객과 교류하는 극적 정서의 밀도 여하와 관객에게 끼치는 극적 진실 여하에 달려 있다. 극작가가 꾸며낸 이야기를 가상적인 무대에서 가면의 탈을 쓴 배우, 그리고 극적 환상을 창조 해내는 허구의 연극 세계에서 오직 단 하나의 진실이 있다면 그것은 관객이 무대의 배우와 함께 심리적으로 창조하여 그 내면에 이룩한 극적 진실인 것이다. 그 외의 것은 모두가 관객의 내면에 극적 진실을 창조하기 위한 허구적인 현상에 불과한 것이다.
햄릿을 보고는 배우가 그것을 결코 설명하지 않고 단지 그것을 암시한 데 불구한데도 관객은 곧잘 그 뜻을 이해한다.[40] 관객은 설명하지 않고 정서적인 내용만 암시하여도 자신의 상상력을 통하여 암시한 정서적 내용을 이해할뿐더러 또 무대에서 예술적인 행동을 꾀하는 연기자와 함께 내면적으로 연극을 더불어 창조해 나가는 것이다. 그러므로 관객이 어떻게 볼 것이냐, 혹은 관객에게 어떻게 보이느냐 하는데 대한 창조적인 목표는 마땅히 허구의 진실을 창조하는 연극이 실재하는 관객의 내면적 극적 진실 세계에 따라 오래 존재할 수 있는지에 놓여야 할 것이다."[41]

이는 과거 신파극과 좌익 연극이 관객을 무지몽매하고 가르쳐야할 대상으로 보며 '호소하고 선동하려던' 연극적 태도에 반대하던 그의 연극 철학이기도 했다. 사실 간과하기 쉬우나 연극은 "배우가 연기하는 것을 누군가가 바라본다"는 기본 원리를 갖고 있기에, 관객은 공연을 만드는 필수적인 파트너다. 극단이 아무리 대단한 걸작을 만든 들, 아무도 봐주지 않는 연극은 연극이 아니다. 그런 점에서 그의 연극은 극장이라는 세계에서 관객과 함께 구성되는 꿈이었다. 이런 그의 가르침 아래 연극학과에서는 훗날 연극계의 견인차가 될 재목들이 연이어 탄생했다.

장두이에게 했던 것처럼 이해랑은 강의가 끝나면 때때로 시간을 내 제자들과 맥주를 기울이며 연극에 관한 열띤 토론을 벌이기도 했다. 물론 학생들은 이해랑의 모든 이야기를 가르침으로 삼고 귀 기울여 들었을 것이다. 반면 이해랑은 학생들을 가르침의 대상뿐 아니라 경쟁자이자 동료로 대했다. 죽는 날까지 그는 현역이었고, 또 현역이려면 그만한 경쟁력을 갖추어야 한다고 생각했기 때문에 스스로 늘 배우는 태도를 견지했다. 지극히 상식적이지만 실천하기는 참으로 어려운 자세다.

사건 사고로
가득한 무대

독일의 연극학자 에리카 피셔-리히테Erika Fischer-Lichte는 『연극기호학』 1장에서 "교류가 불가능했던 아득한 옛날에도, 인간이 모여 사는 곳이면 어김없이 연극의 흔적들이 발견된다."라고 했다. 연극의 가장 큰 매력이 무엇이길래 인류사에 어김없이 등장하는 것일까. 기기와 통신의 발달 덕분에 침대에 누워 몇 번의 터치만으로도 수많은 TV드라마를 처음부터 끝까지 시청할 수 있는 세상이다. 그런데도 적지 않은 사람들이 극단이 정한 시간표에 맞춰 극장으로 향한다. 입을 옷을 고르거나 함께 관람할 동료를 찾는 수고도 마다하지 않고 말이다.

연극이 다른 극예술과 구분되는 가장 큰 매력이라면 바로 일회성의 예술이라는 점 아닐까. 연극은 결코 복제되지 못한다. 같은 극단이 같은 극장에서 같은 작품을 공연해도 사람이 하는 일이라 늘 다를 수밖에 없다. 아무리 뛰어난 타자라도 투수가 한 가운데에 던진 공을 매번 홈런으로 만들 수 없듯이 말이다. 그래서 각각의 연극 공연은 필연적으로 하나의 독립 사건이다. 매번 정확히 같은 것만을 반복하는 영화나 텔레비전의 장르들과는 달리 매번 숨을 쉬고 움직인다. 관객은 우주에서 유일한 공연을 보는 것이다. 그래서 연극은 늘 하나의 사건이다.

이해랑의 말처럼 연극 공연은 배우와 스태프 그리고 관객이 함께 만드는 유일한 사건이다. 그래서 가끔은 돌발적인 사고가 생겨나기도 한다. 연극은 시시각각 변하는 예술이고 상연 중 살아있는 생명체이니 연출자가 모든 걸 제어할 수는 없기 때문이다. 백여 편의 공연을 올린 이해랑도 별의별 사고들을 겪었다.

1948년의 일이다. 문교부가 주최한 전국연극대회에 극예술협회는 미국 번역극인 '포기와 베스'를 들고 참여했다. 슬프게도 흥행은 실패였다. 천여 명을 수용할 수 있는 극장이었으나 관객은 겨우 30명 남짓이었다.[42] 극단의 사기는 바닥을 쳤지만 배우들은 찾아준 관객들을 위해 최선을 다했다. 하지만 이해랑에겐 중요한 공연이었다. 매번 김동원에 밀려 조연을 맡던 그가 이번엔 모처럼 주인공 역을 맡았기 때문이다.

공연은 무르익어 어느덧 포기와 베스가 애절한 러브신을 연기하고 있었다. 갑자기 코고는 소리가 극장을 메웠다. 거나하게 취한 관객 한 명이 아늑한 관객석에서 잠이 들어버린 것이다. 심지어 그는 "거기 누구 없느냐"라고 연극톤으로 소리를 지르기까지 했다. 관객들의 시선은 무대를 떠나 그쪽을 향하고 있었다. 배우들은 아랑곳하지 않고 극을 진행하려 했으나 무대 밖은 이미 관객들의 웃음소리로 가득 찼다. 이해랑은 무대감독을 시켜 잠든 관객을 극장 밖으로 내보냈다. 그런데 공연을 끝내고 보니 그 취객은 이해랑의 극단에 창작극을 써 준 적이 있는 극작가였다.

대단한 무례가 아닐 수 없었다. 보통 관객도 아닌 한 때의 동료가 거나하게 취해 극장을 찾다니 말이다. 물론 그 취객이 만취한 상태에서도 동료들을 응원하고자 힘든 발걸음을 옮겼다는 등 나름의 사정이 있었을지도 모르겠다. 하지만 극단으로서는 참사일 뿐이었다. 다만 만취한 관객이 극작가라는 것을 알았을 때도 이해랑은 화를 내기는커녕 "보통 관객도 아닌 극작가를 공연 중에 잠들게 했다는 것은 명예로운 일이 아니다"라고 반성했다.

반대로 관객이 가득 찬 공연에서도 사고가 있었다. 한

번은 여배우가 다음 장면의 등장을 위해서 불 꺼진 무대를 더듬어 자신의 자리를 찾으려 하고 있었다. 칠흑 같은 어둠 속에서 그 여배우는 자신의 자리가 아닌 다른 사람의 무릎에 앉아버렸다. 여배우가 비명을 질렀고 스태프들이 무대로 달려갔다. 불을 켜보니, 어떤 청년이 그 자리에 앉아서 계획대로라는 듯이 큰 소리로 웃고 있었다.

무례한 관객으로 인해 연극이 중단된 적은 한국전쟁 중에도 있었다. 중공군의 참전으로 이해랑과 신협이 대구에서 '자명고' 공연을 할 때다. 낙랑공주가 자명고를 찢는 클라이막스 장면이 되자 극장 안은 그야말로 긴장으로 가득했다. 그런데 난데없이 미군 병사 4~5명이 무대 위로 뛰어올랐다. 그들은 분장실에 들어가 소품으로 쓰던 칼을 들고 나와 낙랑공주에게 결투를 신청했다. 몰입하던 관객들은 폭소했고 공연은 엉망이 되었다. 낙랑공주를 맡았던 황정순 배우가 분통을 터뜨리며 소리를 쳤다. "유 노노노노 굿!" 이번엔 미군들이 오히려 놀라 분장실 안으로 쫓겨 들어갔다. 연극 관람에 익숙하지 않던 장난기 많은 젊은 병사들이 벌인 해프닝이다. 물론 매우 예의 없는 짓이다. 동시에 수많은 관객을 무대가 완전히 통제하는 일이 얼마나 어려운지 보여준 예시이기도 할 것이다.

가장 딱한 사연은 바로 셰익스피어의 극을 공연하며 생겼다. 이해랑은 주연으로 출연한 적은 드물었지만 연기력이 필요한 악역이나 조연을 맡아 극의 완성도를 한껏 올려놓곤 했다. 그가 맡은 배역 중에서도 가장 유명한 것은 '오셀로'의 이아고 역이다. 이아고는 세 치 혀로 오셀로의 마음에 아내에 대한 의심과 질투를 불어넣어 그를 파멸에 이르게 하는 악역이므로 제대로 된 이아고가 아니고서는 '오셀로'는 결코 성공할 수 없다.

이해랑의 이아고가 부지런히 이간질하던 그날 객석은 만석이었다. 객석뿐 아니라 무대의 상수와 하수[43]까지 관객이 들어차 극장에는 그야말로 빈틈이 없어 배우들이 등·퇴장하기조차 어려웠다. 이아고로 분장한 이해랑이 조명 아래에서 오셀로에게 온갖 감언이설을 뱉고 있는데 갑자기 오른쪽에서 고무줄이 날아와 그의 뺨을 때렸다. 고통을 참고 연기를 이어갔지만 이해랑이 그쪽으로 고개를 돌리면 여지없이 고무줄이 날아들었고, 나중엔 그쪽으로 고개를 돌리지도 못했다.

그는 출처도 알 수 없는 폭력에 움츠러든 나머지 도통 연기에 집중할 수 없었다. 하필 그날따라 관객도 유독 많았으니 그 얄미운 관객을 쉽게 찾아낼 수가 없었다. 그래서 그는 기지를 발휘해 반대 방향으로 도는 척하다가 급히 오른쪽으로 몸을 틀어 그 관객을 찾았다. 어떤 꼬마가 고무줄을 겨누고 있었다. 꼬마는 깜짝 놀라 눈만 깜빡였다. 고무줄은 손시위를 떠나지 못했다. 그 꼬마가 애초부터 공연을 망치려 든 것은 아니다. 거짓말을 일삼아 주인공들을 파멸로 몰아가는 이아고가 얄미웠을 뿐이었다. 그 꼬마는 이아고를 때리고 싶었던 것이다. 다만 고무줄을 맞은 것은 이아고가 아닌 이해랑이었다. 꼬마에게는 정의의 고무총을 들어 악당을 벌하려 했을 뿐이니, 이해랑의 뛰어난 연기력이 불러온 사고였다.

　때때로 생기는 극단원들의 실수는 폭소를 자아내기도 한다. 전쟁이 한창이던 1952년 여름, 대구 키네마 극장에서 프리드리히 쉴러Friedrich Schiller의 '빌헬름 텔'을 공연할 때의 일이다.

　대중에게도 잘 알려진 이 작품에서 가장 유명한 장면이라면 역시 빌헬름 텔이 총독의 독촉으로 자신의 아들 머리 위에 놓인 사과에 활을 쏘는 장면일 것이다. 아무리 오디션을 공들여 보더라도 공연마다 정확히 사과를 꿰뚫을 수 있는 명사수 배우를 찾기란 어렵다. 원작자인 쉴러는 이를 염두에 두고 이미 작품 안에 손을 써 두었다. 군중들이 총독에게 명령을 거두어 달라고 부탁하는 사이, 어느 순간 한 관객이 갑자기 "맞혔다! 사과를 궤뚫었다!"라고 소리 지르는 것이다.

신협의 공연에서는 빌헬름 텔이 활을 쏘는 순간, 조명을 잠시 끄고 그 사이를 이용해 오브제를 맡은 스태프가 아들의 머리 위에 화살 꽂힌 사과를 올려두는 것으로 되어 있었다. 그런데 소품 담당의 실수로 화살이 아들 정수리에 매달려 있게 되었다. 예상이 빗나간 무대와 객석은 폭소로 가득 찼다. 그리고 관객들은 한동안 우레와 같은 격려와 박수를 쏟아내며 열악한 피난지에서도 공연을 이어갔던 극단을 응원하였다.

이해랑의 공연에서의 또 다른 사고는 1956년 '계월향'의 공연에서 벌어진 일이다. 연출가 이태훈은 당시 19살 신협 연구생으로 이해랑의 조연출을 맡고 있었다. 그는 당시 홀로 무려 12역을 소화하면서 무대 진행에 필요한 소품을 배달하는 역까지 맡았다. 그러다 보니 실수가 나왔다. 배우 최무룡이 권율, 이해랑이 일본 장군 역을 맡고 있었고 조명이 켜지면 둘이 검을 들고 노려보려던 찰나였다. 하지만 웬걸. 불이 켜지자 권율이 일본도를, 일본 장군이 한국 검을 들고 있는 것이 아닌가. 객석에선 웃음이 터졌고 극은 막을 잠시 내렸다가 진행해야 했다. 12역을 수행해야 했던 19살의 실수이니 이해랑도 속으론 웃지 않았을까.

마지막은 햄릿과 함께

국회에서 돌아온 이해랑은 노년의 연출가였지만 열정은 조금도 줄어들지 않았다. 오히려 원숙함이 더해져 그의 연출에는 대가의 깊이가 더해졌다. 이 시기부터 마지막까지 그는 적어도 매년 한 편의 연출을 맡았다. 국립극단에서도 '파우스트'와 같은 대작들을 믿고 맡길 수 있는 연출가로 이해랑만한 사람을 찾기 힘들었다.

 연극계의 원로로서 그는 언제나 사실주의, "무대에서 배우가 연기를 하는 연극의 형식을 통하여 인생이나 현실을 인식하는 것이 직접 그것을 인식하는 것보다 훨씬 더 그 진상을 완전하게 파악할 수가 있다"[44]는 연극론을 고수한 사람이었다. 나이가 들면 고집이 세진다고들 하지만 노년이 되어서도 그의 사고는 놀라우리만치 유연했다. 특히 그가 아낀 신진 연출가인 임영웅에 대해서 그랬다. 한국전쟁 시기 이근용을 찾아가 이해랑을 자랑했던 바로 고등학생이 성장하여 훌륭한 연출가가 된 것이다. 그의 대표작 '고도를 기다리며'는 사무엘 베케트 Samuel Beckett가 쓴 부조리극의 고전으로 말하자면 사실주의와는 정반대의 연극이라 할 수 있다. 이해랑은 이런 종류의 희곡을 좋아하지 않으나 임영웅의 연출에서 삶의 리얼리티를 느낄 수 있었다며 호평하였다.

이해랑은 1984년 20대 예술원 회장으로 뽑히며 다시 감투를 쓰게 된다. 이어 21대까지 회장직에 임하는 동안에도 연출가이자 연극인으로서의 역할을 그만두지는 않았다. 그는 오히려 더욱 바쁘게 움직였다. 1982년 이원경, 김동원과 함께 배우 예술원을 개원한 일이 대표적이다.

그는 예전부터 좋은 배우란 30%의 재능과 70%의 노력으로 만들어진다고 말하곤 했다. 그는 젊은 배우들의 노력이 부족하지 않도록 좋은 환경을 만들어주고 싶었다. 이해랑과 의기투합한 연극계의 두 원로는 명동에 있는 삼일로 창고극장에 말하자면 배우 훈련원을 만듦으로써, 실기 과목이 부족한 대학 연극교육을 보충하는 한편 기성 배우들에게도 발전적인 기회를 제공하고자 했다. 6개월 내지 1년의 코스로 연기 기초교육, 기성 배우 재교육, 영화사나 방송국에서 뽑은 신인들을 교육하는 방침을 세웠다.

세 명의 개설자가 워낙 명망 높은 연극계 원로들이었기에 전국에서 문의가 쏟아졌다. 하지만 막상 입학하는 사람은 많지 않았다. 유민영이 짚은 이유는 크게 넷이다. 첫째, 연기 지망자들보다는 기성 배우나 이미 연극학과를 다니는 학생들을 대상으로 하였기 때문이다. 둘째, 기성 배우들이 재훈련을 부끄럽게 생각하여 거부감을 가졌다. 셋째, 배우들로서는 연극을 열심히 해도 생계가 보장되지 않는 마당에 재훈련까지 할 시간이 없었다. 넷째, 재훈련이 사회·경제적 보장으로 이어지지 않는다는 것이었다. 야심차게 시작했지만 결국 훈련원은 흐지부지 끝나고 말았다.

이후로도 이해랑은 1년에 한 편씩은 꼬박 연출을 맡았다. 1982년부터는 해마다 번갈아 가며 극단 사조와 국립극단의 연출을 맡아 '라인강의 감시', '삭풍의 계절', '리어왕', '인종자의 손'을 무대에 올렸다. 또 1986년 가을엔 실로 오랜만에 신협의 이름으로 '밤으로의 긴 여로'를, 이듬해엔 '황금 연못'을 공연했다.

이해랑은 어떤 작품이든 대충하는 성격이 아니었다. 예

이해랑과 김동원

총 회장으로서도 전임자들과 달리 정력적이고 구체적 활동을 벌인 그였다. 그는 노년의 몸으로도 앙상블의 수준을 높이기 위해 전력을 쏟았고 유망해 보이는 배우가 있다면 몇 시간이고 붙잡아 뒀다.

하지만 그의 훈련은 가혹하지 않았다. 군대에서 체벌은 당연하고 학교에선 '사랑의 매'가 종횡무진이던 시절이다. 직장에서조차 나이나 직급에 따른 상명하복이 자연스러웠던 때다. 선후배의 군기가 센 예술계, 프로 배우들이 모인 극단에서조차 체벌이나 호통은 당연하다는 듯이 이뤄졌지만 이해랑을 기억하는 이들은 모두 그가 큰소리를 낸 법조차 없다고 기억하고 있다. 그의 너그러움은 가정은 물론이거니와 연습실까지도 일관적이었다. 아들 이방주 회장에 따르면 아버지는 소리치며 화를 낸 적이 없다고 한다. 엄한 집안에서 어린 시절을 보냈기에 자식들에게 자유를 주었다. 때론 아버지와 맥주 대작도 가능했기에 다섯 남매는 친구들의 부러움을 샀다. 자녀들에 대한 존중은 배우들에게도 매한가지였다. 이해랑에게 연기를 배운 배우 손숙도 다음과 같은 기록을 남겼다.

"선생님은 그전까지 내가 봐왔던 다른 연출가와는 너무

유작이 된 호암아트홀 '햄릿' 연출 중
인터뷰를 하고 있는 이해랑

달랐다. 늘 웃고 계셨고, 조용조용 작은 소리로 배우가 자존심 상하지 않게 지적해주셨다. 대사 한 줄을 그냥 넘어가지 않고 열 번 스무 번이라도 완벽해질 때까지 연습을 시키셨다."[45]

서울에서 올림픽이 열린 이듬해 1월, 중앙일보사에서 호암아트홀 개관 10주년을 기념하며 '햄릿' 연출 의뢰가 들어왔다. 중앙일보도 피난 시절부터 다섯 차례의 '햄릿' 공연 등 셰익스피어 극을 연출 해온 이해랑이 최상의 적임자라고 판단한 것이다. 그는 젊고 유망한 연출가였던 채윤일을 보조 연출로 삼고 연습을 시작했다.

이해랑은 배우들과 함께 매일 6시간 이상의 연습을 강행했다. 젊은 배우들도 힘들어했지만 그는 갈수록 에너지가 넘쳤다. 왕비와 햄릿이 침실에서 대화하는 장면을 지시하기 위해 직접 시범 연기를 보여주기도 했다.[46] 또 연습이 끝나고 나면 종종 후배나 제자 배우들을 불러 함께 맥주를 마시며 연극 토론회까지 벌였다. 그는 '햄릿'을 위해 나이도 잊고 모든 걸 불사르고 있었다.

성공적인 공연을 위해 캐스팅에도 몸소 나섰다. 이해랑

의 제자였던 배우 유인촌은 당시 최전성기의 인기스타로 브라운관을 종횡무진 달리고 있었다. 이해랑은 "이번이 정말 마지막이야!"라면서 기어코 그를 덴마크의 왕자로 분장시켰다.

그가 세상을 떠나는 날에는 왠지 연습이 일찍 끝났다. 이해랑은 "너희들끼리 마저 하고 있어. 나는 약속이 있어"라며 자리를 떴고 유인촌과 다른 배우들은 "선생님 없이 어떻게 연습을 합니까?"라고 투정했다. 아쉬워하는 배우들을 향해 다음날 예정되어 있던 프로그램 캐스트 촬영을 언급하며 "이 기회에 영정 사진 하나 장만해야겠다. 내일은 넥타이를 매고 오마"라고 농담까지 했으므로 유인촌은 이해랑의 '마지막'이란 말이 진짜가 되리라곤 꿈에도 몰랐다.

이해랑은 다음 날 새벽, 화장실에서 쓰러진 채 발견되었다. 식구들이 발견하고 황급히 대학병원으로 옮겼다. 뇌출혈이었다. 분가한 자녀들이 소식을 듣고 달려왔지만 그는 이미 세상을 떠난 뒤였다.

호암아트홀에서 공연될 '햄릿'의 연출 준비는 완벽에 가깝게 마무리된 상태였다. 제자들은 슬픈 마음을 억누르고 전에 없던 호연을 펼쳤다. 이해랑의 마지막 길을 배웅하는 최고의 방법이었다.

1985년 연극 '햄릿' 포스터

이해랑 예술극장

서울지하철 3호선 동대입구역 6번 출구로 나와 언덕을 오른다. 조금씩 숨이 차오를 때쯤 동국대학교 혜화문이 보인다. 거칠어진 숨을 고르다 보면 거대한 느티나무를 두고 건물 두 채가 서 있다. 왼쪽은 학술관, 오른쪽은 문화관이다. 문화관에는 동그란 돌출부가 있다. 앞에서 보면 동그란 케이크를 두 층으로 쌓아 올린 모습이고, 지도로 보면 꼭 성냥 머리 부분 같기도, 사람 머리 모양 같기도 하다. 이해랑 예술극장이다. 연출가이자 배우, 국회의원이자 동국대 연극학과 교수였던 이해랑을 기리기 위해 2008년 건립된 연극 전용극장이다.

    한국 연극사에 큰 족적을 남긴 이해랑을 기념하며 국내 최초 예술인의 이름을 걸고[47] 지어진 이곳에 매년 유수의 극단들이 찾아와 성심껏 준비한 연극을 올리고 있다.

이해랑은 칼럼을 통해 연극계만의 큰 상이 없다는 아쉬움을 토로한 바가 있었다. 그 뜻을 받아 1990년부터 김동원, 차범석, 임영웅, 유민영 등이 이해랑연극재단을 출범시키고, 이해랑의 2주기인 1991년부터 〈이해랑 연극상〉을 시행하였다. 이해랑 생전의 연극관에 따라 리얼리즘을 바탕으로 하여 뛰어난 성과를 보여준 연극인이나 기관을 수상 대상으로 삼았다. 생전 이해랑이 보여준 유연한 사고방식답게 〈이해랑 연극상〉의 수상 조건도 답답하진 않다. 한국 연극사에 크게 기여한 단체나 개인은 모두 수상의 자격을 얻을 수 있다.

극단 실험극장이 첫 수상의 영예를 안았으며, 제2회는 극단 산울림이 모범적인 소극장 운동의 사례를 인정받아 수상하게 되었다. 제3회에는 리얼리즘을 잘 구현했다고 평가받는 원로 극작가 차범석이 개인 자격으로는 처음으로 수상했다. 이후 수상자들의 면면도 화려하다. 이호재·박정자·윤석화·유인촌·전무송·허규·김삼일·장민호 등 유명 연극인들 대부분은 한 번씩 〈이해랑 연극상〉을 손에 들었다. 수상자들의 면면을 보면 지방 극단에서 활동하던 연출가나 배우들까지 다양하다. 이 또한 지방에 연극문화를 전파하려던 생전 이해랑의 뜻을 따른 것이다.

동국대학교 '이해랑 예술극장' 입구

제20회 〈이해랑 연극상〉 때는 동국대학교 이해랑예술극장에서 '이해랑 연극상 20주년 기념 학술 심포지엄'이 열려 그 의미가 더욱 특별했다. 조선일보, 동국대학교, 이해랑연극재단 주최로 열린 심포지엄에서는 '이해랑의 인생과 예술'을 주제로 손숙, 백성희, 채승훈, 유민영, 김방옥 등이 각각 발표와 토론을 진행했다.

2016년은 이해랑 탄생 100주년을 맞아 국립극장에서 기념 공연이 올렸는데, 작품은 이해랑의 마지막 연출작이었던 '햄릿'이었다. 제13회 수상자 손진책이 연출을 맡고 유인촌·박정자·손숙 등 역대 수상자들이 출연하였다.

이해랑은 살아생전 삶과 죽음을 "이쪽 동네에서 저쪽 동네로 이사 가는 것"이라 말하곤 했다. 그도 자신의 탄생 100주년 기념 공연을 저쪽 동네에서 즐겁게 관람했을 것이다. 아니면 연출가답게 고칠점을 찾고 있었을지도 모르겠지만 호통은 치지 않았을 것이다. 대신 생전의 그답게 조곤조곤 말했으리라.

"뒷풀이 자리엔 내 맥주도 한잔 올려주게."

부록

이해랑 약력
이해랑 연출 공연 목록
이해랑 출연 공연 목록
주(註)
참고문헌

이해랑 약력

1916 서울 종로구 와룡동에서 출생.
1920 어머니와 사별.
1923 교동국민학교 입학.
1928 유모할머니의 귀향.
1929 휘문고등보통학교 입학.
만주 여행 중 안동에서 일본경찰의 불심검문으로 종로경찰서에 구금.
휘문고보에서 퇴학. 배재고보 편입. 김동원과 첫 만남.
1930 배재고보에서 퇴학. 동중고보 편입.
1933 동중보통학교 졸업. 료요 중학에 편입. 가네가와 중학교로 전학.
1934 가네가와 중학교 졸업. 상하이 후장대학에 입학.
장티푸스로 입원 후 부산 부친댁으로 귀국.
1935 니혼대학 예술과 입학.
사쿠라다몬 의거에 대한 혐의를 받아 체포되어 고문당함.
동경학생예술좌 가입.
1937 도쿄학생예술좌 제2회 공연 '춘향전'에서 처음으로 무대를 밟다.
유치진과의 첫 만남.
'하계휴가 유학생 향토방문'으로 전국과 만주, 간도 순회공연.
경성방송국 라디오 드라마에 김동원과 출연.

1938 도쿄학생예술좌 창립 5주년 기념 '지평선 너머'에서 처음으로 주연을 맡음.
1939 니혼대학 졸업. '연극을 통한 좌익사상 고취'라는 혐의로 도쿄학생예술좌 출신 주영섭, 박동근, 이해랑, 김동원, 유치진 등이 구속됨.
1940 극단 고협 가입. '춘향전'에서 농부 역으로 부민관 무대에 섬.
고협과 북선 지방 순회에 나섬. 아사달'에서 주역을 맡아 호평을 받다.
1941 고협 탈퇴.
유치진이 주도한 현대극장 가입.
김인순과 태화원에서 결혼.
현대극장 제2회 공연 '흑경정'에 주연으로 출연.
일제가 조선임시보안령 공포하자 어용친일극을 거부하고 연극계 은퇴.
1945 황철, 함세덕 등과 낙랑극회 조직.
1946 좌익극에 대항해 '연극브나로드 실천위원회' 결성.
1947 김동원 등과 극예술협회 조직.
1948 극협과 함께 총선선전문화계몽대라는 명목으로 경남 일대 순회공연.
1949 국립극장 설치령 발표.
1950 국립극장 전속 신극협의회 구성. 오영진 작 '인생차압' 연출.
한국 전쟁 발발하자 문총구국대 조직.
1951 문예중대와 함께 동부전선 위문공연.
1953 신협 환도 기념 공연 '원술랑' 연출을 시작으로 서울에서 왕성한 작품 활동 재개.
1955 미국무성 초청으로 미국 연극계 시찰.
1959 영화 '낙랑공주와 호동왕자' 출연. 영화 '육체는 슬프다'를 감독.
신협과 국립극장에 복귀.
1960 동국대학교 연극과 전임강사에 피임.
1962 국립극장 운영규정 공포. 민극과 신협 통합.
국립극장 부단장, 드라마센터 극장장에 피임.
'밤으로의 긴 여로'에서 연출과 주연.

1963 드라마센터를 떠나 신협 재건.
1964 한국연극협회 부이사장 피선.
1966 이해랑 이동극장 운동 시작.
1967 이해랑 이동극장 전국 순회공연.
1968 제7대 예총 회장으로 당선.
　　　서울 사당동에 예술인촌 건설 착수.
1969 제8대 예총회장으로 당선.
1969 제9대 예총회장으로 당선.
　　　동국대학교 연극과 교수 사임. 국립극단 연출.
1970 제9대 예총회장 피선.
　　　민주공화당 국회의원 당선.
　　　이해랑 이동극장 전국 순회공연 후 종료.
1972 국민훈장 모란장 수훈.
1974 유신정우회 국회의원 당선.
1977 국회의원 임기 종료 후 국회 은퇴.
　　　대한민국 연극제 운영위원.
1978 동국대학교 연극과 교수 복직.
　　　회고문 〈남기고 싶은 이야기들〉 중앙일보에 연재.
1981 동국대학교 교수 정년퇴임.
　　　예술원 부회장 피선. 이원경, 김동원 등과 배우예술원 개설.
1984 예술원 제20대 회장 피선.
1985 저서 『커튼 뒤 또 하나의 인생』 출간.
1986 5.16민족상 수상.
1989 호암아트홀 '햄릿' 공연 연습 중 타계.

이해랑 연출 공연 목록

연도	작품	극단	작가	극장
1949	도난기	극예술협회	고지옹	명동시공관
	살아있는 이중생 각하	〃	오영진	단성사
	비오는 산골	중앙대학교 연극부	J.M.싱그	명동시공관
	햄릿	〃	셰익스피어	
1950	인생차압	극예술협회	오영진	중앙극장
	전유화	〃	한노단	부산 동래극장
1951	자명고	신협	유치진	
	뇌우	〃	조우	
	햄릿	〃	셰익스피어	대구키네마
	오셀로	〃	셰익스피어	
1952	멕베스	〃	셰익스피어	마산극장
	여비헌	신향	철오	부산 동래극장
	빌헬름 텔	신협	F. 쉴러	대구키네마
	목격자	〃	M. 앤더슨	부산 동래극장
1953	원술랑	〃	유치진	명동시공관
	자유부인	〃	정비석	
	여성전선	〃	정비석	
	향수	〃	파뇰	
1954	은장도	〃	윤방일	
	줄리어스 시저	〃	셰익스피어	
	자유부인	〃	정비석	
	이슬	〃	윤방일	동화극장
1955	자매	〃	유치진	명동시공관
	느릅나무 그늘의 욕망	〃	유진 오닐	

연도	작품	극단	작가	극장
1956	다이알 M을 돌려라	〃	F. 노트	
1957	인생차압	국립극단	오영진	국립극장(명동)
1958	한강은 흐른다	신협	유치진	
	뜨거운 양철 지붕 위의 고양이	〃	T. 윌리엄스	원각사
1959	뜨거운 양철 지붕 위의 고양이	〃	T. 윌리엄스	국립극장
1960	안네 프랑크의 일기	〃	F. 구드리치 · A. 하케트	
1961	미풍	국립극단	하유상	
1962	햄릿	드라마센터	셰익스피어	드라마센터
	밤으로의 긴 여로	〃	유진 오닐	
	포기와 베스	〃	헤이워드 夫妻	
	한강은 흐른다	〃	유치진	
	로미오와 줄리엣	〃	셰익스피어	
1963	갈매기 떼	신협	차범석	국립극장
1964	학 외다리로 서다	〃	하유상	
	오셀로	〃	셰익스피어	
	무지개	〃	이만택	
	어머니의 모습	〃	하유상	
1965	여성만세	국립극단	하유상	
	그 많은 낮과 밤을	신협	이만택	
	춘향전	〃	유치진	드라마센터
	춘향전	문인극	박진	국립극장
1966	불신시대	신협	황유철	
	동의서	드라마센터	고동율	드라마센터
	교류	신협	한노단	국립극장
	오해마세요	이해랑이동극장	이진섭	지방순회공연
1967	세 자매	국립극단	안톤 체홉	국립극장
	오이디푸스 왕	신협	소포클레스	
	노랭이아저씨	이해랑이동극장	이진섭	지방순회공연
	누가 버지니아 울프를 두려워 하랴	신협	에드워드 올비	국립극장
1968	오셀로	국립극단	셰익스피어	
	북간도	〃	안수길	
	분례기	신협	방영웅	

연도	작품	극단	작가	극장
1969	한산섬 달 밝은 밤에	국립극단	신명순	
	마술사의 제자	신협	김창호	
1970	원술랑	국립극단	유치진	
	그러지말고 잘 살아 봅시다	이해랑이동극장	박진	지방순회공연
	인조인간	국립극단	K. 차페크	국립극장
1971	화내지 마세요	이해랑이동극장	박진	지방순회공연
1974	활화산	국립극단	차범석	국립극장(장충동)
1975	징비록	〃	노경식	
	광야	〃	김기팔	
1976	이어도 이어도 이어도	신협	이청준	예술극장
	손탁호텔	국립극단	차범석	
	죄와 벌	신협	도스도예프스키 하유상 역	시민회관 별관
1977	파우스트	국립극단	괴테	국립극장
1978	천사여 고향을 보라		토마스 울프	
1979	객사		이태원 원작 안종관 각색	
1980	산수유	〃	오태석	
1981	라인강의 감시	사조	릴리언 헬만	문예회관 대극장
1982	삭풍의 계절	국립극단	김의경	국립극장
1983	리어 왕	사조	셰익스피어	세종회관 별관
1984	불타는 여울	국립극단	노경신	국립극장 소극장
1985	햄릿	호암아트홀	셰익스피어	호암아트홀
1986	인종자의 손	국립극단	전진호	국립극장 소극장
	밤으로의 긴 여로	신협	유진 오닐	문예회관 대극장
1987	황금연못	〃	E.톰슨	호암아트홀
	들오리	국립극단	입센	국립극장 소극장
1988	뇌우	〃	조우	
1989	햄릿	호암아트홀	셰익스피어	호암아트홀

이해랑 출연 공연 목록

연도	작품	극단	작가	연출가
1937	도쿄학생예술좌	춘향전	유치진	
	태양	경성방송국 라디오드라마	골스워디	
	날이 밝으면 비가 오십니다	〃	주영섭	
	생활도	〃	박동근	
1938	지평선 너머	도쿄학생예술좌	유치진	유치진
	깨어서 노래부르자	극예술연구회	클리포드 오뎃츠	이서향
1940	춘향전	고협	유치진	유치진
	무영탑	〃	함세덕	유치진
1941	동라	〃	박영호	이서향
	마의태자	〃	유치진	이서향
	흑경정	현대극장	함세덕(각색)	유치진
1943	봉선화	〃	함세덕	유치진
1945	산적	낙랑극회	함세덕	함세덕
	검찰관	전선	니콜라이 고골	허집
	봄밤에 온 사나이	낙랑극회	이서향	이서향
1946	기미년 3월 1일	〃	함세덕	함세덕
	산적	〃	이서향	이서향
	호접	낙랑극회, 전선	김사량	
	춘향전	낙랑극회	유치진	홍영진
	바람부는 시절			
	정열의 대지	〃		박진

연도	작품	극단	작가	연출가
1947	여명	〃	임선규	안영일
	조국	조선연예문화사	유치진	
	자명고	극협	유치진	유치진
	마의태자	〃	유치진	
	왕자호동과 낙랑공주	〃	유치진	유치진
	은하수	〃	유치진	
	목격자	〃	맥스웰 앤더슨	유치진
	왕조군	〃	진우촌	이화삼
1948	조국	〃	유치진	
	청춘	〃	정비석	유치진
	껌둥이는 서러워	〃	헤이워드 부처	허석
	자명고	〃	유치진	유치진
	별	〃	유치진	허석
	죄	〃	진우촌	유치진
1949	도난기	〃	고지옹 김희창 각색	
	자유를 찾는 사람들	〃	윤방일	이광래
	간디	K.P.K악극단		
	도라지공주	극협	오영진	이광래
1950	높은 암산	〃	맥스웰 앤더슨	허집
	원술랑	신협	유치진	허석
	뇌우	〃	조우	유치진
	혈맥	〃	김영수	박진
	원술랑	〃	유치진	허석
1951	붉은장갑	〃	사르트르	이진순
1952	오셀로	〃	셰익스피어	유치진
	수전노	〃	몰리에르	이광래
	불꽃	〃	유치진	허석
	맹진사댁 경사	〃	오영진	이진순
1953	나도 인간이 되련다	〃	유치진	유치진
1954	대춘향전	〃	유치진	허석
	가야금의 유래	〃	유치진	유치진

연도	작품	극단	작가	연출가
1955	별	〃	유치진	김동원
	인수지간	〃	오약	김동원
	욕망이라는 이름의 전차	〃	테네시 윌리엄스	유치진
1956	계월향	〃	이태환	박동근
	민중의 적	〃	입센	전근영
	꽃잎을 먹고 사는 기관차	〃	임희재	김규대
1957	세일즈맨의 죽음	〃	아서 밀러	김규대
	풍운	〃	오영진	김규대
	박쥐	〃	라인하르트 · 호프우드	전근영
	신앙과 고향	〃	쉔헬	홍해성
1959	소	〃	유치진	이광래
	대수양	신협 · 민극	김동인	이광래
1960	빌헬름 텔	신협 · 민극	쉴러	서항석
	죄와 벌	신협	도스도예프스키 하유상 역 · 각색	박동근
1962	밤으로의 긴 여로	드라마센터	유진 오닐	이해랑

주(註)

1. 이해랑, 『허상의 진실』, 새문사, 1991, 254쪽.
2. 위의 책, 109쪽.
3. 이해랑, 〈예술에 산다〉, 《일간 스포츠》, 1978. 5. 8.
4. 유민영, 『한국 연극의 거인 이해랑』, 태학사, 2016, 88쪽.
5. 이해랑, 위의 책, 272쪽.
6. 유민영, 위의 책, 98-101쪽 참조.
7. 이해랑, 위의 책, 271-272쪽 참조.
8. 만성의 골염(骨炎)으로 뼈가 썩어서 파괴되는 질환. 거의가 결핵균에 의하여 일어나며, 늑골·척추에 발병함. 골양(骨瘍). 골저(骨疽). 궤창. 궤창병. 옥스퍼드 사전 참조. (https://languages.oup.com/google-dictionary-ko/) 2022. 12. 17. 접속.
9. 이해랑, 위의 책, 218쪽.
10. 위의 책, 256-257쪽 참조.
11. 유민영, 위의 책, 224-225쪽 참조.
12. 이해랑, 위의 책, 86-87쪽 참조.
13. 《세계일보》, 1958. 3. 18.
14. 이해랑, 위의 책, 312쪽.

15. 유민영, 위의 책, 243-244쪽 참조.
16. 이해랑, 〈조선극작가론〉, 《예술조선》, 1947년 1월호.
17. 이해랑, 〈연극의 순수성〉, 《예술조선》, 1948년 2월호.
18. 이해랑, 위의 책, 17쪽.
19. 위의 책, 36쪽.
20. 《경향신문》, 1949. 4. 2.
21. 이해랑, 〈창단 '신협', 남기고 싶은 이야기들〉, 《중앙일보》, 1978. 12. 1.
22. 김동원, 「藝에 살다-나의 회고록」, 『김동원 희수기념집(喜壽記念集)』, 1992, 42쪽.
23. 이해랑, 위의 책, 380-381쪽 참조.
24. 위의 책, 386쪽.
25. 에드윈 윌슨, 채윤미 역, 『연극의 이해』, 예니, 1998, 84쪽.
26. 유민영, 위의 책, 407쪽.
27. 이해랑, 〈이동극장운동을 제창한다-국민연극 진흥을 위하여〉, 《한국일보》, 1965. 6. 1.
28. 유민영, 위의 책, 416-417쪽 참조.
29. 《한국일보》, 1967. 4. 7.
30. 유민영, 위의 책, 450-451쪽 참조.
31. 이상란, 『희곡과 연극의 담론』, 연극과 인간, 2003, 127쪽.
32. 이해랑, 위의 책, 466쪽.
33. 이해랑, 〈마을 연극인들에게 주는 충고〉, 《동아일보》, 1967. 3. 7.
34. 유민영, 위의 책, 396쪽.
35. 《경향신문》, 1986. 1. 30.
36. 유민영, 위의 책, 459쪽.
37. 위의 책, 447쪽.

38. 장두이, 『「내 인생의 선생님」 진정한 연기정신 일깨워준 거목-이해랑』, 《신동아》, 2006. 12.
39. 이해랑, 위의 책, 165-167쪽 참조.
40. 위의 책, 69쪽.
41. 위의 책, 70쪽.
42. 이해랑, 〈연극 10화(7)-관객 3태〉, 《중앙일보》, 1967. 1. 28.
43. 연극에서 사용하는 용어다. 무대에서 객석을 바라보았을 때를 기준으로 왼쪽 끝부분을 상수, 오른쪽 끝부분을 하수라고 부른다. 즉 관객의 시점에선 오른쪽을 상수, 왼쪽을 하수로 생각하면 된다. 배우의 등·퇴장 등의 동선을 계획할 때 연습과 리허설의 용이성을 위해 사용하는 용어다. 영어로는 배우가 관객을 바라보는 시점을 기준으로 하여 상수를 Stage left, 하수를 Right stage라고 한다. 국립중앙극장 자료집, 『무대예술용어집(무대일반·기계·장치분야)』, 2011, 39-43, 87쪽 참조.
44. 이해랑, 〈연극 10화(9)-허구의 세계〉, 《중앙일보》, 1967. 2. 4.
45. 이태주, 『한국연극 1975~1995-전환 시대의 질주』, 푸른사상, 2011, 367쪽.
46. 진희숙, 『예술에 살고 예술에 죽다』, 청아출판사, 2009, 179쪽.
47. 동국대학교 이해랑예술극장 홈페이지 '극장소개'

참고문헌

- 국립중앙극장 자료집, 『무대예술용어집(무대일반·기계·장치분야)』, 2011.
- 김동원, 「藝에 살다-나의 회고록」, 『김동원 희수기념집(喜壽記念集)』, 1992.
- 여석기, 「밤으로의 긴 여로」, 『한국연극의 현실』, 동화출판공사, 1974.
- 유민영, 『한국 근대 연극사』, 단국대학교 출판부, 1996.

  『한국 연극의 거인 이해랑』, 태학사, 2016.
- 이상란, 『희곡과 연극의 담론』, 연극과 인간, 2003.
- 이태주, 『한국연극 1975~1995-전환 시대의 질주』, 푸른 사상, 2011.
- 이해랑, 『또 하나의 커튼 뒤의 인생』, 부림사, 1985.

  『허상의 진실』, 새문사, 1991.
- 이해랑연극재단, 『한국 연극과 함께한 이해랑연극상 30』, 조선일보사, 2020.
- 장민호 구술, 이미원 채록, 『예술사 구술총서 〈예술인·生〉 003 장민호-그래도 세상은 살만하다』, 국립예술자료원 수류산방, 2011.

- 진희숙, 『예술에 살고 예술에 죽다』, 청아출판사, 2009.
- 에드윈 윌슨, 채윤미 역, 『연극의 이해』, 예니, 1998. 84쪽.
- Ficher-Lichte, Erika, *The Semiotics of Theater*, Jeremy Gaines, Doris L. Johns, Indiana University Press, 1992.

- 이해랑, 〈조선극작가론〉, 『예술조선』, 1947. 1.
- 이해랑, 〈연극의 순수성〉, 『예술조선』, 1948. 2.
- 이해랑, 〈도급받은 공연〉, 《동아일보》, 1962. 5. 10.
- 이해랑, 〈연극 10화(7)-관객 3태〉, 《중앙일보》, 1967. 1. 28.
- 이해랑, 〈마을 연극인들에게 주는 충고〉, 《동아일보》, 1967. 3. 7.
- 이해랑, 〈인생 그 순간〉, 《경향신문》, 1969. 8. 24.
- 이해랑, 〈예술에 살다〉, 《일간 스포츠》, 1978. 5. 8.
- 이해랑, 〈창단 「신협」-남기고 싶은 이야기들〉, 《중앙일보》, 1978. 12. 1.
- 이근삼, 〈흐뭇한 분위기에 공감-드라마센터 2회 공연 '밤으로의 긴 여로'〉, 《한국일보》, 1962. 6. 21.
- 유인촌, 〈햄릿과 선생님, 그리고 나〉, 《한국연극》 제156호, 1989. 5.
- 장두이, 〈내 인생의 선생님- 진정한 연기정신 일깨워준 거목 이해랑〉, 《신동아》, 2006. 12.
- 《경향신문》, 1949. 4. 2.
- 《세계일보》 1958. 3. 18.
- 《한국일보》, 1967. 4. 7.
- 《경향신문》, 1986. 1. 30.

- 《중앙일보》, 〈배우의 세 얼굴〉, 1991. 3. 26.
- 《한국일보》, 〈주간한국: 한국연극의 巨人-이해랑(李海浪)〉 1~30, 2018. 10. 14.~2019. 3. 6.

지은이·허재홍

1983년 서울 출생. 단국대 영문학과를 졸업한 후 동국대 국문학과에서 석사 학위를, 서강대 국문학과에서 박사학위를 받았다. 희곡과 연극에 관해 연구하며 틈틈이 음악과 만화에 대한 글을 쓴다. 2021년에는 극단 돛대의 연극 「옆눞: 뒤집다」의 드라마터그로 참여하였다. 주요 논문으로는 「요리대결만화의 서술전략 연구」, 「이현화 희곡 〈우리들끼리만의 한번〉 연구—추리극적 구조와 동성애의 의미」. 현재 수원가톨릭대학교와 동서울대학교에 출강하고 있다.

'이 사람을 보라' 간행위원회

증명 — 성우
고문 — 성월, 돈관
간행위원장 — 윤성이, 박대신

간행위원 —
이영경, 채석래, 종호, 곽채기, 김관규
문선배, 임선기, 최대식, 윤재민, 조충미
박정오
김종윤, 김양수
윤재웅, 이계홍, 유권준, 신홍래, 신관호
이용범, 신미숙, 박기련, 지정학, 김애주
김성우, 김창현, 김정은

이 사람을 보라
대가로의 긴 여로,
이해랑

2023년 2월 8일 1쇄 발행
2023년 3월 6일 2쇄 발행

글쓴이 — 허재홍
발행인 — 박기련
발행처 — 학교법인 동국대학교 출판문화원

출판등록 — 제2020-000110호(2020.7.9)
주소 — 04626 서울시 중구 퇴계로36길2 신관1층 105호
전화 — 02-2264-4714
팩스 — 02-2268-7851

Homepage — http://dgpress.dongguk.edu
E-mail — abook@jeongjincorp.com

디자인 — 씨디자인
인쇄 — 신도

ISBN 979-11-91670-43-1 03810
값 12,000원

이 책의 무단 전재나 복제 행위는
저작권법 제98조에 따라 처벌받게 됩니다.